Conversations pleines d'assurance

DES RÉPONSES SIMPLES
À 38 QUESTIONS DIFFICILES

Brad DeHaven

D1468972

CONVERSATIONS PLEINES D'ASSURANCE
Édition originale publiée en anglais par Motivision Media, El Cajon, CA (É.-U.)
sous le titre :

CONFIDENT CONVERSATIONS

NET LIBRIS
815, boul. St-René Ouest, Local 3
Gatineau (Québec) Canada
J8T 8M3
Tél.: (819) 561-1024
Téléc.: (819) 561-3340
Courriel : info@netlibris.ca
Site Web : www.netlibris.ca

Traduction : Claude Charbonneau
Infographie : Richard Ouellette, rouel@videotron.qc.ca

Dépôt légal – 2006
Bibliothèque nationale du Québec
Bibliothèque nationale du Canada

ISBN 2-922882-08-X

Gouvernement du Québec – Programme de crédit d'impôt pour
l'édition de livres – Gestion SODEC

Imprimé au Canada

Conversations pleines d'assurance

DES RÉPONSES SIMPLES
À 38 QUESTIONS DIFFICILES

Brad DeHaven

Net Libris

REMERCIEMENTS

La rédaction d'un livre ne se fait pas sans l'enthousiasme et la contribution d'autres personnes.

Merci donc à :
Kim Mate pour son soutien et sa révision du texte.
Scott et M. J. Michael pour leur exemple et leur intégrité.
Suzanne Hubler pour son inspiration.

J'apprécie mes années d'association avec les merveilleux propriétaires de commerce indépendants (PCI) qui m'ont permis de poursuivre mes rêves et de faire usage de mon habileté unique.

DÉDICACE

Ce livre est dédié aux milliers de prospects qui ont posé des questions, tant intéressantes que difficiles, et quitté sans obtenir de réponses satisfaisantes, laissant du même coup une opportunité formidable leur glisser entre les doigts. La dédicace s'adresse également aux milliers de PCI qui auraient voulu si ardemment savoir répondre à ces questions, mais qui étaient en manque de confiance et de réponses simples.

Puissiez-vous être bien armés à jamais !

INTRODUCTION

V ous êtes sur le point de vous transformer en expert, grâce à des compétences améliorées en communication et à un plus grand pouvoir d'influence. Votre engagement à vous améliorer m'impressionne. Vous faites partie d'une nouvelle industrie qu'on qualifiera de mouvement entrepreneurial le plus grand et le plus prospère de son époque.

Entrepreneur de longue date, du moins pour autant que je m'en souvienne, je dois mon succès principalement à l'exploitation d'un commerce électronique à domicile. J'ai démarré cette entreprise dans mes temps libres et j'ai encouragé d'autres personnes à faire de même.

Nombreuses sont celles qui me posent des questions sur le commerce. Sans contredit, comme PCI, notre tâche la plus ardue est de répondre aux questions qui nous sont posées. Trop souvent, n'ayant pas su s'y prendre correctement, les PCI ont raté l'occasion de s'assurer une sécurité financière. Mises à part les mauvaises réponses, les compétences en communication leur faisaient défaut. Ils comprenaient mal les subtilités de comportement extraordinairement efficaces comme l'écoute, la pause, la construction de ponts et les modèles. Ces compétences, qui vous permettront d'établir des rapports et vous donneront, de ce fait, plus d'assurance et de crédibilité, ce sont celles que le présent livre vous permettra de maîtriser.

Le but de *Conversations pleines d'assurance* est de vous assurer une connaissance de base à partir de laquelle vous pourrez développer vos compétences et ainsi vous transformer en un communicateur très habile.

Les gens qui prennent connaissance de notre concept d'affaires posent habituellement des questions. Si ce n'est pas le cas, c'est qu'ils n'ont rien compris à l'affaire. En effet, les questions révèlent que le prospect réfléchit à ce qu'il vient d'entendre, et c'est là un signe certain de son intérêt.

Imaginez-vous une personne qui dépense une heure à étudier une idée susceptible de lui apporter des millions de dollars et qui, en réponse à votre interrogation, vous répond qu'elle n'a pas de questions. Ce n'est pas très prometteur. Par contre, si elle vous demande, par exemple : « Comment livre-t-on les produits ? », « Est-ce que je dois vendre quel-que chose ? » ou « S'agit-il d'un système pyramidal ? », il y a de l'espoir. Ce sont là des questions positives qui offrent une occasion de porter la conversation à un niveau supérieur, processus qui permet de renseigner le prospect. Souvenez-vous que si la responsabilité de comprendre n'incombe pas à ce dernier, c'est au PCI qu'il appartient de le renseigner ; que si la responsabilité de comprendre n'incombe pas au PCI, c'est à la lignée ascendante qu'il appartient de le renseigner ; et que si la responsabilité de comprendre n'incombe pas à la lignée ascendante, c'est aux leaders qu'il appartient de renseigner les personnes qui en font partie.

> *Clé : Si la responsabilité de comprendre n'incombe pas au prospect, c'est au PCI qu'il appartient de le renseigner.*

Ayant observé que les pros-pects posent toujours les mêmes questions, j'ai vite compris que les gens ne savent pas répondre aux questions et aux objections. Pour-quoi ? Parce que, dans bon nombre de cas, personne ne leur a enseigné comment s'y prendre. Aborder les amis, les membres de famille, les associés et les étrangers peut s'avérer l'une des tâches les plus difficiles de notre commerce. Malgré cela, nous nous attendons à ce que les nouveaux PCI apprennent «à la dure» les réponses qu'ils doivent donner et acquièrent les compétences en communication à la même école.

Ma réaction? «Au diable toute cela!» Équipons tous ceux et celles qui désirent apprendre comment bien répondre aux questions. Enseignons à chaque PCI les paroles les plus efficaces, améliorons ses compétences et accroissons son niveau d'assurance sans délai. Grâce au présent livre, nous y parviendrons.

En réalité, pour les gens, l'objection et le rejet, c'est du pareil au même. Pourtant, si l'objection est l'expression d'un désaccord, d'un doute ou d'un questionnement face à ce qui est offert, le rejet est le refus sans équivoque d'une idée ou d'informations. Si l'objection mène à des questions ou à l'affirmation d'une position, le rejet est un «non» catégorique.

> **Clé : L'objection diffère du rejet.**

Puisque toute question en cache une autre, il nous suffit de comprendre ce qui incite le prospect à la poser. La personne cherche-t-elle une confirmation? A-t-elle déjà vécu une expérience semblable? Désire-t-elle simplement en savoir davantage? Avant de répondre, nous devons en savoir davantage sur notre interlocuteur.

Je me rappelle ce que dit un jour un des mes professeurs de marketing : «Pour savoir pourquoi monsieur X achète ce qu'il achète, vous devez percevoir le monde comme monsieur X le perçoit.»

Cette citation constitue un excellent rappel de la nécessité de toujours commencer par chausser les souliers de notre interlocuteur. Ensuite, nous devons nous empresser de répondre à ses questions avant de nous laisser prendre au jeu de nos émotions. Si nous interprétons

> **Clé : Pour savoir pourquoi monsieur X achète ce qu'il achète, vous devez percevoir le monde comme monsieur X le perçoit.**

une question comme un rejet personnel, nous y répondrons agressivement et passerons en mode d'attaque, ou nous offrirons une réponse passive et fuirons. Surmonter l'effet de ce que nous percevons comme un rejet perçu exige une bonne dose d'intelligence émotionnelle.

Si nous parvenons à maîtriser nos émotions lorsque nous répondons à des objections et à des rejets, nous pourrons résister aux sentiments négatifs que nous aurons associés à la question posée par le prospect. La pratique élimine l'association d'émotions négatives au processus de prise de contact avec des prospects et de présentation du plan d'affaires.

Avez-vous déjà raccroché le combiné du téléphone et pensé aussitôt: «J'aurais dû lui dire...» Êtes-vous déjà rentré à la maison après une réunion en présentant le plan d'affaires au volant de votre voiture, y allant même de votre meilleure performance? Cela découle du fait que dès qu'une réunion ou qu'un entretien téléphonique est terminé, la pression s'estompe totalement.

Qu'advient-il de vos émotions lorsqu'une personne vous dit: «Je ne suis pas du tout d'accord avec vous?» Elles s'enflamment... et la performance de votre intelligence décline. Sous l'emprise de leurs émotions, la plupart des gens cafouillent et soulèvent des objections. Ainsi, lorsqu'on vous pose des questions, vos émotions s'enflamment et votre capacité de penser clairement s'effrite. Vous n'êtes ni stupide ni faible; vous avez tout simplement été programmé ainsi.

> *Apprendre à répondre à une question par une autre question vous assurera la maîtrise constante en toute situation.*

Le plus grand profit que vous tirerez de la lecture de *Conversations pleines d'assurance* sera le développement de votre «intelligence émotionnelle». Apprendre à répondre à une question par une autre question vous assurera la maîtrise constante en toute situation. Plus important encore, vous apprendrez à éliminer les émotions négatives associées aux objections, à écouter attentivement les questions posées et à bien comprendre l'interrogation de votre prospect.

Je crois que, en général, toute personne qui pose des questions cherche simplement à dire : « Persuadez-moi que ce que vous dites est vrai. » Vous n'y parviendrez que si vous êtes vous-même convaincu. Répéter machinalement des réponses toutes faites ne suffit pas ; vous devez intérioriser l'information et y croire. Arriver à convaincre, c'est une affaire de « ça passe ou ça échoue ». L'affaire, vous l'avez ou vous ne l'avez pas. Le succès exige plus que la mémorisation de réponses.

Ce que j'aime des principes de conversation que vous vous apprêtez à lire, c'est que tous peuvent être appris. Et ce qui me plaît de *Conversations pleines d'assurance*, c'est qu'il s'agit d'une première étape formidable vers l'apprentissage de réponses directes et honnêtes, celles qui, en fin de compte, vous permettront d'accéder à un taux d'inscription plus élevé. En effet, vous parviendrez certes à inscrire un certain nombre d'adhérents en répondant à une question par une autre question, mais si vous parvenez à leur offrir une réponse simple, assortie d'une explication brève, vous augmenterez votre taux de réussite. Et si vous lisez les « arguments supplémentaires » et leur communiquez une plus grande compréhension de l'affaire, vous connaîtrez encore plus de succès.

Outil de référence, le présent livre a été conçu pour proposer des réponses aux questions au fur et à mesure qu'elles vous sont posées. La série de 38 questions et réponses correspondantes, commençant au chapitre 3, compte six catégories : Qui, Quoi, Quand, Où, Pourquoi et Comment. Maîtrisez les réponses au point d'être capable de les répéter pendant votre sommeil. Lorsque vous y serez parvenu, aucune émotion ne sera associée à quelque question ou objection que ce soit.

J'ai aussi rajouté un dernier chapitre fort utile, afin de vous offrir davantage de variété et de vous donner plus d'assurance le moment venu de répondre aux questions ; ce chapitre

> *Maîtrisez les réponses au point d'être capable de les répéter pendant votre sommeil. Lorsque vous y serez parvenu, aucune émotion ne sera associée à quelque question ou objection que ce soit.*

vous emballera. Vous y trouverez de superbes citations, principes et perles que vous entendez parfois à la radio, alors que vous êtes au volant de votre auto, et qu'il vous est impossible de vous arrêter pour en prendre note. Eh bien, je vous les offre.

Vous remarquerez qu'au lieu d'adopter quelque terminologie maladroite imposée par le genre, j'ai convenu de m'en tenir au masculin dans tous ces exemples. À vous de l'adapter à chacune de vos situations.

Ne perdez pas de vue le fait que vous pouvez dire et faire les bonnes choses, et poser les bons gestes, avec les mauvaises personnes, sans susciter leur intérêt. Vous n'êtes pas en faute ; votre interlocuteur n'est tout simplement pas intéressé. Par contre, si ce dernier pose des questions ou présente des objections, c'est qu'il a besoin d'être rassuré et désire en savoir davantage. S'il en est ainsi, vous avez à votre disposition les informations tant convoitées ; ne craignez pas d'en faire usage.

Utilisez le présent livre et même abusez-en. Déchirez-en les pages qui vous sont utiles et servez-vous en pour gagner, car après tout, c'est à cette fin que je l'ai écrit.

La philosophie de tout commerce axé sur l'adressage doit avoir pour fondement la duplication. Autrement dit, on enseigne aux enseignants à enseigner aux enseignants et ainsi de suite. Le génie de notre industrie repose sur un mot : la duplication. Imaginez des dizaines, voire des centaines et des milliers de propriétaires de commerce qui maîtrisent tous les principes et toutes les applications pratiques de conversations pleines d'assurance. Qu'est-ce qui pourrait alors arrêter votre équipe ? Rien !

Maîtrisons donc ces compétences et servons d'exemple formidable aux personnes qui nous observent et nous suivent.

Je crois que votre commerce est sur le point de faire une percée. Les principes et les applications présentés dans ce livre fonctionnent; ils ont fait leur preuve. Le moment est venu de vous le prouver à vous-même. Votre avenir est assurément des plus brillants!

Vous êtes capable!

CHAPITRE 1

Les sept principes d'une conversation

Il est important de comprendre combien notre communication est peu verbale. En fait, selon la conclusion communément acceptée d'une étude menée il y a des années par le Pacific Institute de Seattle, notre communication comporte 93 p. 100 de non verbal.

S'il en est ainsi, en quoi consiste ce pourcentage ? Plus souvent qu'autrement, les gens vous jugent et déterminent, d'une part, ce qu'ils pensent de vous et, d'autre part, comment ils se sentent en votre présence en fonction de l'inflexion de votre voix, de votre langage corporel, de votre apparence et de votre capacité d'écoute.

Avez-vous déjà remarqué comment certaines personnes donnent l'impression qu'exploiter le commerce est chose facile ? Aussitôt inscrites, leur liste de nouveaux PCI s'allonge grâce à une forte duplication... du moins cela vous semble-t-il ainsi. Comment expliquer une telle croissance alors que certains d'entre nous semblent éprouver tant de difficulté ? Ces personnes ont-elles maîtrisé toutes les stratégies d'affaires du jour au lendemain ? S'agit-il d'une simple question de chance ? D'après mon expérience, elles avaient déjà compris les sept principes présentés dans ce premier chapitre. En d'autres termes, elles doivent 93 p. 100 de leur efficacité à des compétences préalablement acquises et immédiatement mises en pratique dans notre commerce.

PRINCIPE DE CONVERSATION N° 1 :
SACHEZ BIEN ÉCOUTER.

De façon générale, les gens parlent beaucoup plus qu'ils n'écoutent. Mais en fait, c'est en écoutant qu'on apprend, alors qu'en parlant, on n'apprend rien. Le succès, quelle que soit l'entreprise, exige d'avoir les autres à cœur. C'est une question de leadership. Vous connaissez sûrement l'expression : « Les gens se fichent de ce que vous savez jusqu'à ce qu'ils se rendent compte à quel point vous vous intéressez à eux. » La meilleure des façons de le prouver, et la plus rapide, c'est en les écoutant.

J'ai entendu dire maintes fois que la clé d'un commerce prospère, c'est de « savoir définir un besoin et y répondre », et la seule façon de déterminer un besoin, c'est par l'écoute attentive.

> *La seule façon de déterminer un besoin, c'est par l'écoute attentive.*

Cependant, cela n'est pas aussi simple qu'il semble à prime abord. Se concentrer sur l'autre signifie mettre de côté ses propres priorités et lui consacrer toute son attention.

En voici un exemple. Il y a quelques années, j'ai suggéré à un PCI, Jean, d'enregistrer une de ses présentations « face à face », afin de nous permettre d'en faire ensemble la critique. Au bout de trente minutes de présentation, le prospect lui dit : « Je cherche une façon d'augmenter de 700 $ par mois le revenu que m'apporte mon travail à temps plein. » Au lieu de se servir de ce renseignement comme d'un puissant outil, Jean passa trop rapidement sur la partie « petit revenu » du plan pour s'attarder sur le gain à six chiffres et l'indépendance financière. Le manque d'écoute est parfois la cause d'une opportunité ratée.

Refusez d'écouter, et vos interlocuteurs se sentiront assurément sans importance. Faites-leur sentir au contraire qu'ils le sont en les écoutant, en hochant de la tête et en les regardant droit dans les yeux. Un tel comportement les assurera de votre pleine attention et de leur importance.

La meilleure illustration possible d'une personne qui sait réellement écouter, ce sont ces fleurs mécaniques en pot, alimentées par une pile. Munies d'un microphone, elles répondent au son. Vous les connaissez? Elles sont tordantes à observer. Au son d'une musique bien rythmée, les fleurs se mettent à danser. D'accord, mon exemple est peut-être un peu tiré par les cheveux, mais les mouvements de nos yeux et de notre tête devraient répondre sans équivoque à ce que votre interlocuteur dit. Hocher la tête permet de signifier notre accord et d'améliorer nos chances d'un dénouement positif.

De plus, les personnes les plus habiles à écouter utilisent l'art de construire des ponts, technique qui permet l'évolution de la conversation et qui évite les situations où vous pourriez trop parler et votre prospect pas assez.

N'est-il pas déplaisant, alors que l'on explique le plan à un prospect, de l'entendre répondre posément par «oui», «non», «en quelque sorte» ou «pas vraiment»? Vous pouvez vous éviter bon nombre de ces situations en utilisant des phrases simples et sincères telles que les suivantes pour inciter votre interlocuteur à poursuivre l'échange:

Et puis?
Ce qui veut dire…?
Par exemple…?
Ainsi donc…?
Par la suite, vous…?

Lorsque vous utilisez la technique du pont, penchez-vous d'abord vers l'avant, insistez sur la dernière lettre de la phrase-clé et, ensuite, prenez du recul et ÉCOUTEZ.

PRINCIPE DE CONVERSATION N° 2 :
LES GENS S'INTÉRESSENT SURTOUT À EUX-MÊMES.

Un des livres les plus vendus, après la Bible, est *Comment se faire des amis et influencer les autres* par Dale Carnegie. L'auteur y précise que le nom d'une personne est le mot le plus précieux. Les gens s'intéressent davantage à eux-mêmes qu'à vous ; cela fait partie de la nature humaine. Soyez conscient de ce fait et faites-en une compétence et un outil puissant que vous utiliserez lors de vos contacts. Le sujet le plus intéressant pour les autres, c'est eux-mêmes. Ajoutez ce principe à votre arsenal en éliminant quelques mots et expressions de votre vocabulaire : « je », « moi », « mon » et « le mien », et substituez-leur un seul mot : VOUS. Utilisez des phrases telles que :

« Cela vous sera bénéfique… »
« Cela vous permet de… »
« Cela augmentera votre… »
« Vous pouvez atteindre votre but en… »

Un autre excellent moyen d'établir un lien instantané avec les autres, c'est d'imiter leur façon de communiquer (inflexion de la voix, vitesse d'élocution et langage corporel), peu importe ce qui est dit. Les gens sont davantage ouverts et à l'aise avec les personnes qui leur ressemblent. Pour mettre en pratique cette technique du miroir et de l'imitation, vous devez observer et adopter certaines des caractéristiques dominantes de votre interlocuteur. De façon non verbale, ce comportement communique à l'autre : « Je suis comme vous et nous sommes d'accord, entre nous, et nous avons une attitude similaire. »

Si votre prospect parle très lentement et posément, vous serez peut-être contraint de ralentir votre débit. De plus, prêtez attention à son vocabulaire et adoptez-le.

Par exemple, disons que vous rencontrez un prospect chez lui. Monsieur Prospect se laisse aller en arrière dans son fauteuil, porte le doigt à son menton et dit: «Cela me paraît intéressant, mais je suis toujours prudent d'entrée de jeu.» Ensuite, il s'avance et poursuit: «Mais dès que je suis convaincu de quelque chose, j'en deviens le plus grand admirateur.»

Une excellente façon de répondre serait de se laisser à son tour en arrière, de hocher la tête et de dire: «Voilà qui est intéressant. Je me reconnais en vous.», et ensuite de s'avancer et de poursuivre: «J'ai toujours cru que la vente la plus réussie est celle où on est à la fois vendeur et acheteur. Je suis devenu un grand admirateur de cette industrie parce que moi, vendeur, je me suis vendu la valeur de cette idée.»

Personnellement, je parle directement, rapidement et assez fort. De plus, j'ai souvent tendance à utiliser les expressions «Je pense», «Je veux dire» et «N'est-ce pas». J'utilise aussi d'autres mots clés comme passion, but, qualifier, inspirer, lancer et contribuer.

Je serais attiré vers vous si vous m'abordiez en me disant rondement et passionnément: «Brad, c'est formidable! Je pense que nous pouvons enflammer le cœur d'autres personnes et bâtir une équipe que rien ne pourra arrêter. Qu'en pensez-vous? Si nous pouvions réunir des gens selon leurs passions et leur donner le sentiment qu'ils contribuent à quelque chose et poursuivent un but...» J'en tirerais la conclusion que vous êtes une personne très intelligente et intègre, artisane de grandes réalisations personnelles. Je vous apprécierais et vous respecterais immédiatement, et désirerais passer du temps avec vous afin de pouvoir échanger une foule d'idées. En fait, je me sentirais très enclin à faire des affaires avec vous!

La technique du miroir et de l'imitation est le moyen le plus puissant de vous assurer la sympathie des gens. Cela les aide à s'ouvrir à vous et à vouloir vous communiquer ce qu'ils sont et le but qu'ils se sont fixé.

Rappelez-vous que comme les flocons de neige, les gens sont tous

> *Comme les flocons de neige, les gens sont tous différents.*

différents. Si vous parlez d'eux, les écoutez, les imitez et vous intéressez à leurs désirs, ils s'ouvriront à vous. Ils concluront un partenariat avec vous, ajoutant leurs efforts aux vôtres dans le but d'atteindre leurs objectifs… et tous les vôtres. Ce type de relation puissante et inspirante est la clé du succès.

PRINCIPE DE CONVERSATION N° 3 :
FAITES UNE PAUSE AVANT DE RÉPONDRE.

Faire une pause avant de répondre donne à votre interlocuteur l'impression que vous avez réfléchi à ce qu'il vient de vous dire. Cela vous accorde, en plus, un moment pour formuler une réponse appropriée. Les gens désirent savoir que leurs pensées sont justes et à propos. La plupart s'empressent de parler dès le moindre silence.

Récemment, on m'a demandé de faire une présentation à un groupe d'étudiants de l'université où j'ai fait mes études, la San Diego State University. La présentation terminée, l'hôte m'a demandé si je voulais bien me prêter à une séance de questions et réponses. J'en fus ravi. Certaines questions étaient très intéressantes ou très amusantes. Désireux toutefois de donner l'impression que toutes étaient importantes, avant de répondre, je m'accordais toujours une pause précédée de formules telles que : « Quelle bonne question… » ou « Hum, c'est la première fois qu'on me pose cette question… » ou « Bravo, c'est un point de vue intéressant… »

J'appelle ces phrases des « accusés de réception d'une question ». Elles sont particulièrement utiles au téléphone lorsque vous réfléchissez à la réponse que vous allez donner.

PRINCIPE DE CONVERSATION N° 4 :
SOYEZ BREF ET CONCENTRÉ.

Les gens les plus intéressants, voire les plus captivants, sont ceux qui préfèrent les énoncés et les discours concis et réfléchis. Rien n'est plus agaçant que d'écouter quelqu'un s'éterniser. En fait, certains PCI parviennent à intéresser des prospects au commerce et font marche arrière dans la même conversation… et ils les perdent ! Une des meilleures leçons à tirer du présent livre pourrait être votre compétence nouvellement acquise en conversation dirigée.

Lorsque vous présentez le plan, improvisez-vous ou respectez-vous une certaine structure ? Vous désirez un commerce très prospère ? Il vaudra mieux imprégner votre esprit d'une esquisse claire, concise et simple de votre plan.

Le mien compte quelques parties essentielles et quelques points secondaires. Ces derniers peuvent comporter une citation, une histoire brève ou une question à poser à mon prospect. Bien que mémorisé, mon plan est naturel ; il fait partie de moi.

Comme le pianiste de concert qui n'est pas contraint de toujours «penser» aux notes qu'il doit jouer, je n'ai pas besoin de réfléchir à chacune des parties de mon plan. L'esquisse que vous en tracez vous permet de vous concentrer sur «votre prospect» plutôt que sur «vous-même». Lorsque vous présentez le plan, mettez-vous au défi d'en faire davantage une conversation qu'une présentation.

> *Rappelez-vous qu'il vaut mieux laisser 15 minutes de réflexion à un prospect avant qu'il n'ait souhaité vous voir faire la même chose.*

Par exemple, en guise d'introduction, je raconte toujours une petite histoire de deux minutes au sujet de l'appel téléphonique d'une personne intéressée au commerce. Cette histoire drôle et quelque peu inusitée détend l'atmosphère et met tout de suite les gens à l'aise.

Soyez bref et respectez l'horaire. Rappelez-vous qu'il vaut mieux laisser 15 minutes de réflexion à un prospect avant qu'il n'ait souhaité vous voir faire la même chose.

Principe de conversation n° 5 :
Laissez une première impression puissante.

« On ne vous accordera pas une seconde chance de laisser une première bonne impression. » Cette remarque vous est-elle familière ? Peut-être que la personne qui a dit cela ne savait pas qu'il suffit de moins de quatre minutes pour qu'un interlocuteur se fasse 90 p. 100 de son opinion sur la personne qui lui parle. Voici donc trois façons de faire une excellente impression :

• **Donnez une poignée de main franche.** Rien n'est pire qu'une poignée de main molle ou, pis encore, de se faire écraser les doigts par un haltérophile plus que dominant. Donnez une poignée de main franche et ajustez-la légèrement en fonction de celle de votre interlocuteur.

• **Utilisez le pouvoir de votre sourire.** Les études démontrent que plus vous souriez, plus les gens sont portés à rechercher votre présence, à vous accorder des contacts visuels, à vous toucher et à demeurer en votre compagnie. Autrement dit, le sourire est excellent tant pour votre commerce que pour votre vie personnelle. Il révèle aux autres que vous ne constituez pas une menace pour eux.

• **Que votre tenue vestimentaire respire le succès.** Parce qu'ils couvrent jusqu'à 90 p. 100 de votre corps, les vêtements influencent énormément la perception qu'ont les autres de votre honnêteté, de votre fiabilité, de votre expertise, de votre autorité, de votre réussite sociale et de votre situation d'affaires.

Voici ce que dit l'auteur Alan Pease sur la tenue vestimentaire : « Une tenue vestimentaire convenable est régie par la réponse à la question suivante : "Quelles sont les attentes de votre contact quant à votre tenue vestimentaire ?" Comment devrez-vous vous vêtir pour lui laisser l'impression que vous êtes vraisemblable, agréable, autoritaire, compétent, prospère et accessible ? Quel genre de complet, chemise, cravate, blouse, jupe, souliers, montre, maquillage et coiffure choisirez-vous ? Il s'agit des attentes de l'autre et non des vôtres.»

PRINCIPE DE CONVERSATION Nº 6 :
CHAQUE FOIS QUE VOUS INSISTEZ SUR UN POINT,
APPUYEZ-LE PAR UNE HISTOIRE.

Chaque fois que vous insistez sur un point en particulier, appuyez-le par une histoire et chaque fois que vous racontez une histoire, insistez sur un point en particulier. La pire des erreurs que commettent les PCI, c'est de parler *uniquement* de faits, de chiffres, de détails et de statistiques. La plupart des prospects se réveillent le lendemain matin en ayant oublié 85 p. 100 des détails du plan. Ce sont les avantages et la valeur de ce dernier qui ont une incidence sur les gens, et la meilleure façon de les communiquer à des êtres émotionnels, c'est de les toucher sur le plan émotif. Comment ? De préférence en leur racontant une histoire personnelle.

Disons, par exemple, que vous tentez d'inciter un prospect à assister à une présentation du plan d'affaires dans votre quartier. Vous pourriez lui dire : «Je vous recommande d'assister à la prochaine présentation du plan d'affaires à l'hôtel Marriott, le 27 septembre, à 20h. Vous en apprendrez alors davantage sur ce commerce et vous y rencontrerez beaucoup de monde.»

Ou vous pourriez y aller d'une touche plus personnelle : «Je me rappelle la première fois que j'ai

> *Les gens ne se souviennent pas des faits, des chiffres, des détails ou des statistiques. Ce sont les avantages et la valeur du plan qui ont une incidence sur eux.*

étudié ce concept, comme vous le faites ce soir, alors que je me demandais si cela fonctionnerait pour moi. Ce n'est qu'au moment où j'ai assisté à une présentation publique que j'ai décidé ce que serait mon avenir. Ce fut merveilleux ! J'y ai rencontré les autres membres de mon équipe et j'y ai vu des personnes âgées de 18 à 81 ans provenant de tous les domaines d'activité : professeurs, avocats, travailleurs de la construction et femmes au foyer. Le présentateur était un jeune homme de 20 ans mon cadet, entièrement indépendant sur le plan financier grâce à ce concept. Il a répondu à presque toutes mes questions et m'a fait voir le commerce sous un jour concret. Aujourd'hui, je suis tellement heureux d'avoir sacrifié quelques heures de mon temps pour déterminer si cette affaire me convenait ! »

Sentez-vous la différence ? On dit que « l'information raconte, mais que les histoires vendent ». Vendez le commerce à l'aide de vos histoires pour mettre l'accent sur un point, et insistez sur un point en racontant vos histoires.

Principe de conversation n° 7 :
Croyez en ce que vous êtes et en ce que vous avez.

Dans ce commerce, tout tient à la conviction. D'ailleurs, c'est vrai de tout commerce. Peu importe la carrière que vous avez choisie, vous devez croire en ce que vous faites. Vous devez croire en votre compagnie, en ses valeurs, en sa mission et en son intégrité, ainsi qu'en vos collègues de travail. Impossible de faire semblant. Si vous ne croyez pas en ce que vous faites, il vous sera simplement impossible de réussir.

Avez-vous déjà rencontré des gens d'affaires dont les paroles ne vous ont pas convaincu ? Un vendeur de BMW qui conduit une Mercedes ou un entraîneur personnel qui prend des suppléments alimentaires différents de ceux qu'il vous a recommandés ? Combien de gens échangent temps contre argent dans des emplois alors qu'ils en ont marre de leur emploi ? À quel point une personne qui ne croit pas en ce qu'elle fait peut-elle être persuasive, authentique et honnête ?

Apportez de la conviction à votre commerce et, plus important encore, la foi en vous-même, en continuant de lire des livres sur le succès, au moins un par mois, et mettez ce que vous lisez en pratique. Rappelez-vous que le SEUL moyen d'accroître l'estime de soi, c'est la PERFORMANCE.

Souvenez-vous aussi que la conviction est une autre question « passe ou coule » ; l'affaire, vous l'avez ou vous ne l'avez pas. La conviction, c'est contagieux ; si vous savez la communiquer, votre commerce explosera.

La conviction dont vous ferez preuve découlera largement de votre association à d'autres propriétaires de commerce et de votre participation à des réunions de formation (ateliers, événements, etc.) De plus, l'une des premières choses que je recommande aux PCI, c'est de rédiger un sommaire – un bref paragraphe – de cette occasion d'affaires et de l'afficher bien en vue. Interprétation personnelle de ce qu'est le commerce, ce paragraphe sera constitué de mots que vous ne cesserez de répéter à vos prospects, qu'il s'agisse de présentations du plan d'affaires ou de suivis. J'oserais même affirmer que les mêmes mots font déjà partie de votre discours d'accession au niveau Diamant ! Votre sommaire sera pour vous d'une valeur inestimable.

Vous pouvez décrire le commerce comme un gigantesque « programme d'affiliation » en ligne, à moins que vous ne préfériez « consumérisme incitatif », « commerce par référencement » ou « commerce interactif ». Dans le présent livre, j'utilise le terme « clientrepreneur », c'est-à-dire un « consommateur qui tire profit de son commerce ». Il vaut toujours mieux glaner une terminologie identificatrice personnelle,

> *La conviction, c'est contagieux ; si vous savez la communiquer, votre commerce explosera.*

commune aux membres de votre lignée ascendante. Vous voulez un bon conseil? Évitez tant le délayage que le changement constant au gré des discours les plus récents ou les plus en vogue. Peu importe le terme utilisé et votre description du commerce, tout doit être logique. Vous gonflerez ainsi à bloc votre processus de réalisation. Plus votre compréhension augmentera, plus vous serez une source d'inspiration pour les autres.

Voici trois façons clés de communiquer notre conviction:

1. Nos paroles
2. L'inflexion de notre voix
3. Notre langage corporel

Bien que certains de ces points aient été abordés lorsque nous avons étudié le principe de conversation n° 2, je vous invite à les examiner de nouveau. Réfléchissez à la perception qu'ont les autres de votre choix de mots, de l'inflexion de votre voix et de votre langage corporel. Si vous étiez l'auditeur de «vos propres paroles», seriez-vous incité à agir? «Votre inflexion de voix» vous inspirerait-elle? «Votre langage corporel» aiguiserait-il votre intérêt?

Je demande souvent à des PCI de s'expédier des messages téléphoniques. Aïe, quel exercice révélateur! Ces mêmes PCI me disent par la suite: «Rien d'étonnant que mon commerce n'intéresse personne: les gens doivent avoir l'impression d'entendre un bourdon!»

Les trois moyens de communication déjà cités constituent les éléments essentiels de ce qu'on appelle la «création de rapports». Ajouter cette compétence à sa boîte à outils, c'est s'ouvrir des avenues sans fin qui facilitent l'expérience et l'expression non seulement de réussites professionnelles et personnelles, mais du succès lui-même.

Essentiellement, créer des rapports, c'est mettre en place des relations caractérisées par un bien-être maximal et le plus d'éléments communs possibles. La plupart des gens possèdent un trait de comportement fascinant : ils aiment qu'on les aime ; cela est certainement vrai pour moi. En effet, il me serait difficile de me sentir attiré vers quelqu'un qui m'aurait dit : «Vous savez, Brad, je pense que vous êtes cinglé ! Je ne vous aime pas du tout. De plus, votre tenue vestimentaire est bizarre.»

Comme le dit un jour Abraham Lincoln : «Vous désirez voir une personne embrasser votre cause ? Vous devrez d'abord la convaincre que vous êtes son ami.»

Nous passons du temps entouré de gens dont nous partageons les mêmes intérêts et les mêmes passions, et avec qui nous nous sentons à l'aise. Même les gens qui éprouvent de la difficulté à aborder des étrangers y parviennent si, de toute évidence, ils ont un point commun : que tous deux conduisent une Harley-Davidson, réclament simultanément leurs bâtons de golf au service des objets perdus ou portent une casquette arborant le logo du même club de baseball.

Mettez-vous au défi vous de maîtriser les sept principes de la conversation. Rappelez-vous que ce n'est pas ce que vous «pouvez» faire dans la vie mais ce que vous «ferez» qui fera la différence. La connaissance en elle-même ne vaut rien ; ce qui compte, c'est l'utilisation qu'on en fait. Les principes de conversation constituent la clé d'une vie meilleure, d'un nombre accru d'amis, d'un succès plus éclatant et d'une vie plus heureuse. Mettez-les en pratique à votre avantage, et ce, sans délai. Du moins, c'est ce qu je vous conseille.

> *«Vous désirez voir une personne embrasser votre cause ? Vous devrez d'abord la convaincre que vous êtes son ami.»*

CHAPITRE 2

L'expert mondial des contacts à froid

J e suis convaincu que la plupart d'entre vous, lecteurs et lectrices, lisez le présent livre à la recherche d'expressions géniales susceptibles de vous aider dans vos contacts. Bien que *Conversations pleines d'assurance* puisse en fournir d'excellents exemples, cet ouvrage a d'abord pour objectif de vous armer des compétences susceptibles de vous valoir de telles conversations. Les sept principes d'une conversation, étudiés au chapitre précédent, constituent les meilleurs conseils que je puisse vous prodiguer quant à vos contacts avec des étrangers, en réponse à votre désir de les intéresser à votre commerce électronique. La personne qui maîtrisera ces principes en fera de même de l'art d'être amical, aimable et capable d'établir des relations. En d'autres mots, vous deviendrez l'expert mondial des contacts à froid. Pourquoi ?

Parce qu'il ne s'agira pas pour vous d'aborder des étrangers, mais en premier lieu de vous faire des amis.

> *« Comment devez-vous aborder des étrangers ? Au lieu de les aborder comme des étrangers, faites-vous en d'abord des amis. »*

Grâce au plan de rémunération sans limites, nous recrutons personnellement des gens dans le but de nous assurer une vie meilleure. Le plan est illimité parce qu'il vous permet d'inscrire autant de gens que vous le désirez. Cependant, votre revenu dépendra directement de votre compétence interpersonnelle qui déterminera l'influence dont vous jouirez auprès de vos recrues. Votre capacité d'influencer les autres déterminera, dans une large mesure, celle d'intéresser les gens à ce formidable commerce et à grossir votre équipe.

Si vous parveniez à inscrire 100 PCI de première ligne et que seulement 20 d'entre eux réussissaient à mettre sur pied des groupes d'affaires solides, vous seriez l'une des personnes les plus riches d'Amérique! Pensez-y bien. Est-ce possible? Tout à fait. Regardez du côté d'autres champs d'activité. Un agent immobilier parviendrait-il à vendre 100 propriétés au cours de sa carrière? Un conseiller en recrutement professionnel parviendrait-il à recruter 100 cadres? Un conseiller financier talentueux pourrait-il s'assurer 100 clients? Bien sûr.

Pourquoi alors les gens n'y parviennent-ils pas? Je pourrais sans doute vous en donner 100 raisons, mais, en définitive, elles auraient toutes pour dénominateurs communs le doute et la peur. J'aime cette citation de Henry Ford: «Je cherche des gens qui manifestent la capacité infinie de ne pas savoir ce qu'il est impossible de faire.»

Plus le rêve est grand, plus la peur s'estompe. Ainsi donc, tout ce qui compte, c'est la grandeur de votre rêve. Qu'est-ce qui vous a incité à lire le présent livre? J'imagine qu'au-delà de la recherche de l'«information», il y avait l'«inspiration» d'acquérir quelque chose de plus. Dans votre esprit, il y avait cette image de ce que vous désirez que soit votre vie. Imaginez-vous ce qu'elle serait si vous aviez ce commerce bien en main et connaissiez un succès retentissant? Réfléchissez

> **Plus le rêve est grand, plus la peur s'estompe.**

à la liberté, à l'aventure, au plaisir, à la reconnaissance, au sentiment d'appartenance et à la richesse que cela vous procurerait. Ce serait tout à fait merveilleux.

La peur et le doute minent votre capacité de réaliser vos rêves. D'après la Bible: «Celui qui doute est semblable au flot de la mer, agité par le vent et poussé de côté et d'autre.»

La peur est comme un colocataire émotionnel manipulateur qui, habitant le même logis que vous jour et nuit, vous incite à éviter tout inconfort en vous disant : «Tu ne peux faire...» ou «Qu'est-ce que les autres vont penser...» Plus la peur vous parle, plus elle affaiblit votre confiance en vous et votre amour-propre. Elle vous convainc de rester immobile, de ne pas étendre le bras, de ne pas essayer, de ne pas croire et de ne pas agir. Elle vous dérobe carrément vos rêves.

La peur peut s'avérer l'un de vos plus redoutables ennemis internes. Il s'agit d'une puissance capable de saper votre bonheur. Comment y parvient-elle ? En vous retenant prisonnier de ce qui ne fonctionne pas et en vous empêchant de grandir. De surcroît, cela érige un mur entre vous et les autres, vous incite à abandonner vos rêves, en plus de s'assurer de vous maintenir en stagnation, incapable d'être tout ce que vous pouvez être. Et tout ce processus est parfois difficile à discerner.

Au point où en est votre vie, il y a des choses que vous voulez faire mais que vous ne faites pas, des changements que vous désirez effectuer mais que vous n'effectuez pas, des conversations que vous devez tenir mais qui n'ont pas lieu, et des risques que vous désirez courir mais dont vous faites fi. Peut-être que l'envie de faire certaines de ces choses vous tenaille depuis des semaines, des mois, voire des années, mais vous remettez toujours au lendemain. Qu'est-ce qui vous arrête ? La peur, qui a un effet similaire à celui du feu.

Maîtrisé, le feu est sans danger. Il permet la cuisson et est source de lumière, de chaleur ou d'ambiance romantique, dans le cas d'un feu de foyer ou de la lueur d'une bougie. Il en est de même

> *Peut-être que l'envie de faire certaines de ces choses vous tenaille depuis des semaines, des mois, voire des années, mais vous remettez toujours au lendemain. Qu'est-ce qui vous arrête ? La peur.*

de la peur : toute réaction qui échappe à votre contrôle peut vous détruire. Par contre, maîtrisez-la et la peur vous motivera, vous poussera à agir et vous rapprochera de vos objectifs.

La peur en elle-même n'est ni bonne ni mauvaise, ni saine ni malsaine. Comme tout outil, elle peut servir à construire ou à détruire. Il n'en tient qu'à vous d'en faire un outil utile plutôt que de la laisser entraver vos efforts.

Ne pensez pas parvenir à vaincre vos peurs du jour au lendemain. Par contre, rien ne vous empêche de vous y attaquer tout de suite. Selon un proverbe chinois : « Le voyage de milliers de kilomètres commence par un pas. » Les personnes qui persistent à aller de l'avant, à courir des risques et à vouloir grandir et changer, seront toujours confrontées à la peur. Pourquoi ? Parce que vouloir grandir signifie forcément s'aventurer en terrain inconnu et faire face à de nouveaux défis. N'est-ce pas merveilleux ? Plus besoin de chercher à étouffer cette peur. La peur et la croissance sont des indissociables, tout comme l'excellent repas servi dans un restaurant et le pourboire qui s'ensuit. Comme dans un forfait, l'un ne va pas sans l'autre. La décision de grandir s'accompagne automatiquement du choix du risque de préférence au confort.

D'une façon ou d'une autre, vous en paierez le prix. Toutefois, le prix du risque et de la peur est bien peu comparé à celui du confort. Imaginez-vous, au terme de votre vie et ayant jeté un regard sur votre passé, le prix que vous auriez payé les dons et les talents uniques jamais utilisés, les conversations profondes, intimes et poignantes jamais tenues, les objectifs satisfaisants et rémunérateurs jamais fixés, et les aventures exaltantes jamais tentées. Que vous resterait-il ? Un fauteuil inclinable, une âme souffrante des rêves oubliés, et la pleine conscience d'avoir raté l'occasion de faire partie de quelque chose de plus grand que vous-même. Assis dans votre fauteuil, il ne vous resterait plus qu'à contempler la personne que vous auriez pu être mais que vous n'êtes pas. C'est aujourd'hui le temps de vivre, de vous réveiller et de faire quelque chose. Quelqu'un a dit un jour : «Le chemin appelé *Un jour* mène à une ville appelée *Nulle part.*»

En ce qui regarde notre commerce, la plupart des gens ressentent la peur une fois le moment venu d'aborder des prospects. Ma première démarche pour contrer cette peur a été de changer mon approche auprès des gens. Autrement dit, aborder une personne pour lui demander si elle avait déjà étudié d'autres façons de générer des revenus m'animait d'une terrible peur. En fait, il en serait de même aujourd'hui. J'ai appris, cependant, une manière agréable d'établir des contacts avec les gens en leur posant des questions telles que :

- **«Aimez-vous votre emploi?»**
- **«Vous aimez sûrement votre travail?»**
- **«Comptez-vous œuvrer dans cette industrie jusqu'à la retraite?»**
- **«Êtes-vous satisfait de votre situation financière?»**
- **«Que faites-vous pour vous divertir?»**
- **«Où vous voyez-vous dans cinq ans?»**

C'est tellement simple ! Il vous suffit de poser des questions et les gens vous diront pourquoi exploiter leur propre commerce pourrait les intéresser.

APTITUDE AU RÉFÉRENCEMENT

La stratégie d'affaires la plus puissante au monde, c'est d'être apte au référencement, disposition qui indique qu'en plus d'être amical et professionnel, vous êtes d'un abord facile et de compagnie agréable. À partir du moment où vous possédez ces qualités, les gens croient en vous si fort qu'ils désirent parler de vous à d'autres et se sentent très à l'aise de vous communiquer le nom de nombreuses personnes susceptibles d'être intéressées à votre commerce. Ils vous présenteront des personnes semblables à eux et plus encore. En fait, ces gens font en quelque sorte du clonage d'eux-mêmes. Alors que les grandes compagnies consacrent des millions de dollars à cette fin, vous pouvez y parvenir en adoptant quelques habitudes de base. En voici d'ailleurs quatre que Dan Sullivan, auteur de *How The Best Get Better* (Comment les meilleurs réussissent toujours mieux), recommande aux entrepreneurs prospères désireux d'être davantage aptes au référencement:

1. Se présenter à l'heure convenue.
2. Donner suite à ce que l'on dit.
3. Ne s'arrêter qu'une fois la tâche terminée.
4. Demander poliment et remercier.

Je sais que ces quatre habitudes ne semblent qu'une question de bon sens, mais un nombre étonnant de gens ne les mettent pas en pratique. Le résultat? Ils ne sont pas aptes au référencement. Ils sont peut-être intelligents, talentueux, charmants et expérimentés, mais jamais ils ne connaîtront l'effet «boule de neige» caractéristique de notre commerce, parce que personne n'est à l'aise de les adresser à d'autres. Ces quatre habitudes permettent de montrer du respect et de la reconnaissance, et d'éviter du même coup toute manifestation d'indifférence, d'arrogance, de négligence et d'insouciance.

Lorsque vous êtes apte au référencement, vous pouvez effectuer des dizaines d'appels téléphoniques simples et être bien accueilli. Un tel appel débuterait comme suit: «Bonjour, Jean. Brad DeHaven à l'appareil. Bien que nous ne nous soyons jamais rencontrés, nous comptons un ami commun...»

Si vous êtes une personne apte au référencement, un tel appel pourrait vous valoir des millions de dollars!

DIX PHRASES QUI FONT AVANCER LES CHOSES

Voici quelques phrases qui peuvent être utilisées pour amorcer une conversation avec un prospect. Au fil des ans, j'ai fait des milliers d'appels téléphoniques et utilisé ces phrases à répétition.

«Pouvez-vous m'accorder quelques secondes de votre temps ou ai-je choisi un mauvais moment ?»

«Si les gains s'avéraient intéressants et que votre horaire le permettait, seriez-vous prêt à étudier un concept d'affaires ?»

«S'il m'était donné de vous présenter une façon de faire pas mal d'argent grâce au commerce électronique, voudriez-vous que je vous en parle ?»

«Je désire former une équipe au cours des deux prochaines semaines.»

«En combinant vos contacts, mon temps et mon expérience, nous pouvons tous deux générer beaucoup d'argent.»

«Je serais prêt à…»

«J'aimerais beaucoup vous donner l'occasion de…»

«J'accueillerais à bras ouverts l'occasion de vous en parler davantage.»

«Quels soirs de cette semaine êtes-vous libre ?»

«Bonjour.» Cela, avec le sourire.

Cinq erreurs à éviter au téléphone

1. Appeler au mauvais moment.

Les meilleurs prospects (des personnes intéressées) sont souvent confus parce que vous les avez appelés au mauvais moment. Assurez-vous que le moment est propice en disant, par exemple, à votre interlocuteur : « Pouvez-vous m'accorder quelques secondes de votre temps ou ai-je choisi un mauvais moment ? »

2. Expédier inutilement du matériel audio ou de la documentation.

Si un prospect vous demande de la documentation, assurez-vous que ce dernier est vraiment intéressé et qu'il ne cherche pas simplement à se débarrasser de vous.

3. Laisser une mauvaise impression téléphonique.

La meilleure façon d'améliorer l'impression que vous laissez à votre interlocuteur, c'est d'enregistrer vos conversations téléphoniques, de les écouter et de déterminer les domaines qu'il vous faut améliorer.

4. Être insuffisamment préparé.

Rédigez votre entrée en matière avant d'effectuer votre appel et exercez-vous, en vous assurant que l'objectif visé est bien clair dans votre esprit.

5. Manquer de donner à l'appel un attrait irrésistible.

Suscitez l'intérêt en vous présentant rapidement, en expliquant le but de votre appel et en proposant un bénéfice bien précis. Ensuite, amorcez l'échange en posant une question.

Vous rappelez-vous le jour où vous avez appris l'existence de deux types d'énergie dans votre cours de sciences : l'énergie potentielle et l'énergie cinétique ? Alors que la première est stagnante et inerte, la seconde est active et vivante ; elle agit, parle et croit.

Il en est de même de ces phrases utilisées lors de contacts. Alors que la « connaissance potentielle » reste inerte face à une opportunité, la « connaissance cinétique » s'active et fait avancer les choses, au lieu de les laisser dépérir au fond de l'esprit.

Charles Kettering dit un jour : « Mon intérêt se porte vers l'avenir parce que c'est là que je passerai le reste de ma vie. »

Plus important que tout, on vous a octroyé un don immense : la capacité d'encourager les autres à réaliser un rêve, peut-être abandonné depuis longtemps. Cependant, vous poursuivez aussi un rêve pour votre famille, pour ceux que vous aimez et pour vous-même. Puisse le présent livre être le commencement du processus de réappropriation de votre destinée, une destinée caractérisée par la force, la confiance en soi et la hardiesse, qui vous permettra de réaliser vos rêves et d'offrir aux autres le cadeau de la liberté.

Dans les six prochains chapitres, je vous présente 38 questions (en réalité, il s'agit parfois de répliques) que posent les gens au sujet du commerce, chacune d'elle suivie de trois réponses possibles. En premier lieu, une question en réponse à une autre question, en deuxième lieu, une réponse simple et, en troisième lieu, des arguments supplémentaires.

Rappelez-vous que répondre à une question par une autre question vous assure la maîtrise de la conversation et vous permet de mieux cerner la façon de penser de votre prospect. Plus vous peaufinerez votre compétence en conversation, plus vous saurez

> *« Mon intérêt se porte vers l'avenir parce que c'est là que je passerai le reste de ma vie. »*
> *— Charles Kettering*

combiner les mots et les phrases tirés de ces trois types de réponse.

DES RÉPONSES SIMPLES
À 38 QUESTIONS DIFFICILES

CHAPITRE 3

Qui – Qui peut exploiter ce commerce ?

■ *QUESTION N° 1 :* Je ne sais pas si je peux réussir.

UNE QUESTION EN RETOUR D'UNE QUESTION :
Pourquoi en doutez-vous ?

LA RÉPONSE SIMPLE : Je crois que vous pourriez très bien vous tirer d'affaire. En fait, vous vous débrouillez déjà pas mal. Il ne vous reste qu'à recruter un PCI pour tirer profit de vos achats à titre de consommateur.

DES ARGUMENTS SUPPLÉMENTAIRES : Nous sommes tous la proie de l'incertitude. Cependant, nous devons savoir ce qui pousse le prospect à douter de ses capacités, afin de pouvoir lui donner confiance quant à son potentiel de réussite. Cette personne est bien consciente qu'elle n'a aucune expérience du commerce, hypothèse que nous avançons d'ailleurs pour tout nouveau PCI. D'ailleurs, si la personne savait s'y prendre, elle en tirerait déjà parti et jamais elle ne se serait présentée à nous comme prospect.

Nous sommes à la recherche de personnes talentueuses ayant deux choses en leur faveur : des compétences déjà établies ou la soif d'acquérir celles qu'exige le succès. Ensuite, nous voulons inscrire chaque prospect au système de développement personnel et professionnel et observer la rapidité avec laquelle elle est prête à l'apprendre. Peut-elle s'en tirer ? Nous n'en savons rien ; nous ne savons pas non plus si elle est bien disposée. Manifeste-t-elle une bonne attitude ? Est-elle déterminée ? Persévérante ? A-t-elle une bonne image d'elle-même ? Nous n'en savons rien, mais nous pouvons discerner si elle est intéressée à apprendre.

Quiconque peut exploiter ce commerce. Il suffit aux prospects de vous l'entendre dire. Rassurez-les en utilisant l'expression « Je pense » comme par exemple : « Je pense que vous pouvez très bien réussir. » ou « Je pense qu'ensemble nous pouvons faire beaucoup d'argent.» Par la suite, assurez-les de votre aide et de votre soutien continus.

■ *QUESTION N° 2 :* Je ne crois pas que mon conjoint sera intéressé.

UNE QUESTION EN RETOUR D'UNE QUESTION : Si c'était le cas, vous, le seriez-vous quand même ?

LA RÉPONSE SIMPLE : Pourquoi ne pas lui communiquer vos intentions et lui demander son soutien ? Je pense que nous devons lui communiquer toute l'information dont il a besoin pour prendre une décision éclairée. Je crois que vos rêves et vos objectifs en valent la peine.

DES ARGUMENTS SUPPLÉMENTAIRES : À maintes reprises, j'ai présenté le plan à un seul des membres d'un couple, car il est parfois difficile de pouvoir compter sur la présence des deux. La personne absente manifeste souvent de la réticence au changement, surtout lorsque le plan ne lui est pas expliqué clairement. D'ailleurs, rares sont les personnes qui réussissent à bien communiquer le plan à leur conjoint absent lors de la présentation.

Nous devons tenir compte de deux facteurs. Le premier, c'est que le conjoint peut vouloir évaluer la véracité de l'engagement de votre prospect. Si le soutien mutuel caractérise la plupart des couples, il arrive parfois que le partenaire non engagé dans l'exploitation du commerce doute de la décision de l'autre, en plus de craindre la quantité de travail que peut nécessiter une telle exploitation. Une certaine action positive et progressive peut parfois remédier à la situation.

Le deuxième facteur, c'est que le prospect peut manifester une certaine appréhension à l'idée de s'engager dans un projet qui lui est totalement inconnu. De plus, personne ne désire s'engager seul, et si le prospect perçoit que son conjoint s'objecte à toute participation, il craint encore davantage de foncer seul. Par conséquent, il est important de lui communiquer que bien des PCI exploitent leur commerce seul. Nul besoin du conjoint pour réussir puisque l'équipe de soutien s'assurera de lui fournir tout ce dont il aura besoin.

■ *QUESTION N° 3 :* Je ne connais que peu de gens.

UNE QUESTION EN RETOUR D'UNE QUESTION : Selon vous, combien vous faut-il de relations pour réussir ?

LA RÉPONSE SIMPLE : Nul besoin de connaître beaucoup de gens pour assurer le plein succès de ce commerce. Trois ou quatre personnes intéressées suffisent.

DES ARGUMENTS SUPPLÉMENTAIRES : Les gens qui étudient le plan pour la première fois restent confus quant à son concept. C'est tellement simple qu'ils cherchent l'arnaque. Pourtant, le concept est clair : chaque personne en informe une autre. Nous sommes tous des consommateurs et tous nous profitons d'une consommation distribuée parmi nos commerces indépendants. Nous recommandons le concept à d'autres personnes en quête de façons d'améliorer leur sort. Inutile donc pour le prospect de connaître beaucoup de gens pour assurer le succès de son commerce. Il lui suffit de connaître quelques personnes qui en connaissent d'autres et ainsi de suite. Et, plus important encore, le prospect doit savoir qu'il n'est pas tenu de trouver ces gens tout seul ; il peut compter sur le soutien d'une équipe ayant à cœur son succès.

Vous pourriez aussi lui dire : «Nous disposons aussi d'un système de publicité susceptible de vous aider à identifier des personnes intéressées.» Ce système débute par une opération intitulée «Dresser une liste», la troisième étape du programme *Pattern for Success* (Modèle de succès). Qui sont les membres de votre parenté ? Qui figure sur votre liste d'achats de Noël ? Et dans votre carnet d'adresses ? Qui connaissez-vous dans cette ville ? Qui connaissez-vous à… ? Les sources sont illimitées. En définitive, nous peaufinons cette liste pour en déterminer les personnes ambitieuses et susceptibles de bien s'entendre avec le membre de l'équipe qui présente le plan.

■ *QUESTION N° 4 :* Je ne voudrais pas profiter de mes amis.

UNE QUESTION EN RETOUR D'UNE QUESTION : Aider vos amis à gagner un revenu additionnel, est-ce là profiter d'eux ?

LA RÉPONSE SIMPLE : Loin de nous aussi le désir de vous voir profiter de vos amis ! En fait, nous avions pensé n'aborder que ceux d'entre eux qui, selon vous, pourraient tirer profit de cette idée. Pourquoi n'aborderions-nous pas seulement certaines des personnes susceptibles, d'après vous, de discerner le potentiel de ce concept un peu comme vous l'avez fait ?

DES ARGUMENTS SUPPLÉMENTAIRES : Si une personne présente une telle objection, c'est qu'elle n'a pas vraiment saisi en quoi consistent le plan et le concept. Il est donc important qu'elle comprenne que le profit que lui procurent les ventes de ses produits et la promotion du concept auprès de ses amis, provient de la compagnie, et non de ses amis et associés en affaires.

Chaque personne qui devient un PCI agit, au départ, selon son propre motif initial. Il nous suffit donc de nous concentrer sur ce qui est susceptible de motiver ses amis. Rappelez-vous que si votre prospect ne recrute qu'une personne, il ne fera pas d'argent en exploitant ce commerce. L'inscription de gens dans une dimension horizontale, c'est là la source de profit. Dans notre commerce, il est impossible de faire de l'argent aux dépens de ses amis ; il vous faut travailler ardemment à mettre sur pied un commerce en réseau, à développer votre propre commerce et à aider vos amis à gagner un revenu additionnel.

Le prospect doit aussi savoir que ses amis sont déjà des consommateurs qui, comme elle ou lui, pratiquent pour la plupart les activités nécessaires à l'exploitation de leur propre commerce. Lorsque nous introduisons l'idée de devenir des «clientrepreneurs», nos amis apprécieront l'occasion qu'on leur offre de jouir d'avantages fiscaux découlant de l'exploitation d'un commerce indépendant, sans oublier le potentiel illimité de revenu associé à ce dernier.

■ *QUESTION N° 5 :* Je suis incapable de faire ce que vous faites. Je ne crois pas que je pourrais connaître le même succès.

UNE QUESTION EN RETOUR D'UNE QUESTION : Pourquoi n'essayerions-nous pas de déterminer vos points forts et de travailler en équipe ?

LA RÉPONSE SIMPLE : Si nous décidons de travailler ensemble, vous apprendrez la marche à suivre grâce à notre système de formation. D'ailleurs, vous faites déjà beaucoup de ce qui est nécessaire pour connaître le succès. Mais puisque vous n'êtes pas encore un clientrepreneur, vous ne recueillez pas les bénéfices de vos efforts.

DES ARGUMENTS SUPPLÉMENTAIRES : Tout dans ce commerce peut être appris, grâce, entre autres, à un formidable système de formation qui comporte des livres, du matériel audio et des séminaires. Chaque prospect se doit de suivre cette formation pour acquérir les connaissances dont il a besoin. Les compétences associées à l'exploitation du commerce s'acquièrent par la pratique ; il faut être mauvais avant d'être bon.

Mieux encore, si le prospect pouvait tirer parti de vos compétences ? « Je suis prêt à travailler avec vous. Une des raisons qui m'a incité à vous contacter, c'est que vous avez des compétences qui me font défaut. J'ai donc pensé qu'il serait bon pour nous de travailler en équipe ; cela nous permettrait de combiner nos forces. Quoique je sache faire de bonnes présentations, vous êtes plus convaincant que moi. Vous êtes soucieux des détails alors que je ne le suis pas. » Voilà en quoi consiste la formation d'une équipe. Déterminez d'abord les forces du prospect et la source de son inquiétude et puis dites-lui que vous êtes prêt à faire équipe avec lui.

La clé de la réponse est d'assurer le prospect qu'il n'est pas contraint de développer son commerce tout seul. Il dispose du potentiel requis pour acquérir les compétences nécessaires au succès. En fait, les expériences de la vie lui ont apporté la plupart de ces compétences ; il ne lui reste qu'à en apprendre l'application.

En cela, ma citation préférée provient de Mère Teresa : « Je peux faire des choses que vous ne pouvez pas faire et vous pouvez faire des choses que je ne peux pas faire, mais ensemble, nous pouvons accomplir de grandes choses.»

■ *QUESTION N° 6 :* Puis-je exploiter ce commerce sans conjoint ?

UNE QUESTION EN RETOUR D'UNE QUESTION : Croyez-vous qu'il soit essentiel d'exploiter ce commerce en couple pour réussir ?

LA RÉPONSE SIMPLE : Ce commerce peut profiter à tout ménage, peu en importe la structure. Composé de gens de tous les domaines d'activité, il fait fi autant du sexe que du cadre de vie de ses adhérents.

DES ARGUMENTS SUPPLÉMENTAIRES : Certains prospects qui participent à des séminaires remarquent que les couples sont nombreux à se présenter sur la scène, ce qui leur donne l'impression qu'il est impossible de réussir à exploiter un commerce prospère en solo. Cependant, comme de plus en plus de gens seuls connaissent le succès, le problème se pose de moins en moins. Peut-être votre prospect a-t-il besoin de rencontrer une personne dans sa situation.

Je demande parfois au prospect s'il préférerait garder tout l'argent ou le partager avec quelqu'un d'autre. Cela le fait toujours sourire, bien sûr, mais mon message est passé.

En fait, le positivisme et la capacité des gens seuls de se concentrer sur leurs objectifs et leurs rêves sont tellement forts qu'ils s'attirent rapidement des conjoints… et leur vie en solo est de courte durée ! Mais bien sûr, si vous préférez exploiter le commerce seul, c'est tout à fait possible.

Les célibataires, les jeunes couples, les retraités, les jeunes familles, les couples sans enfant, tous peuvent développer ce commerce et l'adapter à leur approche et à leur style de vie. Tant que vous consommez des biens dont il faut se réapprovisionner, et que vous connaissez des gens qui font de même, vous pouvez développer ce commerce.

■ *QUESTION Nº 7 :* Dois-je dire adieu à mes amis ?

UNE QUESTION EN RETOUR D'UNE QUESTION : N'aimeriez-vous pas voir vos amis manifester de l'intérêt et davantage ?

LA RÉPONSE SIMPLE : Bien sûr que non. Cependant, plus vous en apprendrez sur notre commerce, plus grand sera votre désir de voir vos amis s'y intéresser sérieusement. Certains d'entre eux ne montrent aucun intérêt ? Ça ne fait rien. Tous n'en montreront pas. Nous sommes à la recherche de ces «quelques» intéressés à profiter de leur propre commerce.

DES ARGUMENTS SUPPLÉMENTAIRES : Nous espérons que la personne à laquelle vous avez présenté l'occasion d'affaires possède un cercle d'amis qui partagent la même ambition ; nous aimerions les intéresser aussi. En fait, c'est là le concept du clientrepreneur : un consommateur en affaires qui tire profit de son propre commerce. Les amis de votre prospect consomment tous des produits. Aimeraient-ils, tout en consommant, enregistrer un profit et bénéficier des avantages fiscaux associés à l'exploitation d'un commerce à domicile ? Tous sont donc éligibles. De plus, je préfère faire des affaires avec des amis qu'avec des étrangers (bien que cela soit très bien aussi).

Vous êtes un propriétaire de commerce INDÉPENDANT. Vous pouvez donc choisir vos amis et vos associés puisque c'est vous le patron.

Je crois que l'amitié n'influe pas sur la décision d'exploiter ou non ce commerce. Les amis peuvent aimer ou pas, et choisir ou non, votre façon de gagner votre vie, mais cela ne devrait pas affecter votre relation. Par contre, il en est autrement de votre façon de les aborder. Le présent livre vous enseignera la bonne façon de procéder, façon que vous pouvez enseigner à votre prospect. Présentez les choses d'une manière sympathique et laissez notre commerce se vendre de lui-même.

DES RÉPONSES SIMPLES
À 38 QUESTIONS DIFFICILES

CHAPITRE 4

Quoi – De quoi s'agit-il ?

■ *QUESTION N° 8 :* De quoi s'agit-il ?

UNE QUESTION EN RETOUR D'UNE QUESTION : Il s'agit de _____ (l'expression caractéristique à votre industrie). Ce concept vous est-il familier ?

LA RÉPONSE SIMPLE : Il s'agit d'une toute nouvelle industrie conçue spécialement pour l'Internet. Je fais partie d'une équipe d'entrepreneurs à domicile qui enseignent _____. Ce concept vous est-il familier ?

DES ARGUMENTS SUPPLÉMENTAIRES : En termes simples, nous sommes des clientrepreneurs, des consommateurs en affaires. Nous nous devons d'anticiper cette question que pose naturellement toute personne en quête d'informations ; il ne s'agit ni d'un défi ni d'une objection. Rien de plus normal pour les gens que de désirer en savoir davantage sur ce que vous leur présentez. Mais nous savons qu'expliquer le concept exige plus qu'une courte réponse. C'est alors qu'un outil publicitaire (audio, vidéo, document ou CD-ROM) peut être vraiment utile à un nouveau PCI. Cet outil offre au prospect suffisamment de renseignements pour se faire une opinion claire.

Nous posons la question : « Ce concept vous est-il familier ? » sachant que la réponse sera vraisemblablement : « Non. » Peu importe, il suffit de poursuivre en disant : « Super ! Penchons-nous ensemble sur la question. »

Plus que toute autre, c'est la question la plus fréquemment posée. Soyez prêt et armé d'une bonne réponse. À cet égard, le principe de conversation n° 7 vous sera très utile (voir le chapitre 1).

■ *QUESTION N° 9 :* Pouvez-vous m'en dire davantage ?

UNE QUESTION EN RETOUR D'UNE QUESTION: Absolument, je peux même vous prêter de la documentation. Êtes-vous libre un soir de cette semaine ?

LA RÉPONSE FACILE : Tout à fait, je peux même vous prêter de la documentation.

DES ARGUMENTS SUPPLÉMENTAIRES : L'expression clé de la réponse est « tout à fait » : elle manifeste clairement à votre prospect que vous êtes prêt et disposé à lui présenter le concept d'affaires sans réserve, en plus de démontrer que vous ne désirez ni éviter sa question, ni lui répondre vaguement. Si vous lui répondez : « Je vous en dirai davantage lors de notre rencontre. » ou « On ne donne pas une coupe de cheveux au téléphone. », cela renforce la méfiance du prospect et le porte à refuser ce que vous lui offrez.

Ici encore, le principe de conversation n° 7 vous sera des plus utiles pour répondre à cette question.

■ *QUESTION N° 10 :* S'agit-il d'Amway ?

UNE QUESTION EN RETOUR D'UNE QUESTION : Non. Mais que pensez-vous de ce genre de compagnie ?

LA RÉPONSE SIMPLE : Non, ce n'est pas Amway, mais notre administrateur, Quixtar, compte Amway pour magasin partenaire… et plusieurs autres compagnies. Comme Amway, Quixtar est une filiale d'Alticor Inc. On confond souvent ces deux compagnies.

DES ARGUMENTS SUPPLÉMENTAIRES : Nombreuses sont les personnes qui font d'Amway l'appellation générique de l'industrie du marketing à paliers multiples. Comme c'est depuis toujours le leader de son industrie, pour plusieurs personnes, Amway, Herbalife, Avon et les autres, c'est du pareil au même.

La réponse à la question posée dépendra de celle que le prospect donnera à votre question. Il serait erroné d'accorder à sa question une connotation négative. La personne qui la pose nourrit sa propre opinion d'Amway et vous devez en connaître la source.

La personne cherche peut-être vraiment à établir un lien quelconque entre Amway et notre commerce. Je m'empresse toujours de dire que notre équipe d'affaires est un leader de l'industrie. Les clientrepreneurs sont des consommateurs entrepreneurs qui empochent des profits. Notre source de biens de consommation, c'est la société Quixtar, filiale d'Alticor Inc., compagnie internationale qui gère la fabrication, le marketing, la logistique, ainsi que le développement des produits et des affaires. Alors que Quixtar est une compagnie nord-américaine axée sur le Web, Amway est une occasion d'affaires de ventes directes traditionnelle d'envergure internationale.

■ *QUESTION N° 11 :* S'agit-il d'un commerce de marketing de réseau ?

UNE QUESTION EN RETOUR D'UNE QUESTION : Quelle expérience avez-vous du marketing de réseau ?

LA RÉPONSE SIMPLE : Il s'agit d'une industrie toute nouvelle conçue spécialement pour l'Internet, basée sur le référencement et connue sous le nom de « marketing affilié ». Les grosses compagnies comme Wal-Mart, American Airlines et Amazon utilisent toutes ce type de programme.

DES ARGUMENTS SUPPLÉMENTAIRES : Vous devez placer la question dans son contexte afin d'offrir au prospect la bonne réponse. «Le marketing de réseau... vous semblez connaître. Qu'en savez-vous?» Laissez le prospect s'exprimer et vous pourrez répondre en tenant compte du contexte.

Notre industrie est issue d'un concept original des années 1980 : le marketing de réseau. Aujourd'hui, on lui substituerait une expression plus contemporaine : le programme d'affiliation. En fait, Quixtar.com est une gigantesque toile de partenaires affiliés, en ligne, qui paie des commissions aux PCI pour leurs achats et les achats des personnes qu'ils parrainent. De plus, notre commerce enseigne l'organisation et la duplication d'un système d'affaires, grâce à des outils audio et vidéo, à des livres et à des séminaires de formation.

Cette question peut aussi prendre la forme d'une interrogation concernant le marketing à paliers multiples. Notre commerce adopte une structure à niveaux multiples parce que c'est la plus efficace qui soit. Au sens technique du terme, il s'agit bien d'un plan de marketing à paliers multiples, mais l'expression «paliers multiples» est aussi associée à bon nombre de modèles d'affaires tout à fait différents de notre commerce. Nous avons l'avantage de nous repositionner au sein du marché et de susciter des comparaisons avec d'autres compagnies bien connues comme Wal-Mart, American Airlines et Amazon.com qui comptent leurs propres programmes d'affiliation (et paient des commissions sur les achats).

■ *QUESTION N° 12 :* Quant à moi, cela ressemble à une pyramide.

UNE QUESTION EN RETOUR D'UNE QUESTION : Quelle est votre définition d'une pyramide ?

LA RÉPONSE SIMPLE : La plupart des commerces conventionnels respectent une certaine hiérarchie. Un service de police, un système scolaire, une église, IBM et Coca-Cola sont toutes des entreprises hiérarchisées. Il est donc logique que notre commerce le soit aussi.

DES ARGUMENTS SUPPLÉMENTAIRES : Je présente notre commerce comme une collection de groupes ou d'équipes de travail. Si un prospect pense à une pyramide, c'est qu'il est sceptique et attribue des caractéristiques négatives à la composante référencement de notre plan. Pris dans ce contexte, le terme « pyramide » ne peut avoir qu'une connotation négative. Il faut donc s'empresser de mettre les choses au clair car notre commerce n'a rien d'illégal. En effet, la plupart des commerces conventionnels ont une structure pyramidale. Par exemple, le gouvernement, l'église, le service de police et le système d'éducation sont tous des pyramides. Alors que dans une pyramide il est impossible de dépasser les membres de la lignée ascendante, notre programme n'impose aucune limite au niveau que vous pouvez atteindre. En fait, quiconque se joindrait à notre commerce demain pourrait finir par dépasser le meneur de gains.

En 1979, la Commission de commerce des États-Unis a légiféré sur la légalité du plan compensatoire sur lequel est basé Quixtar. Contrairement aux plans d'affaires illégaux, notre commerce ne requiert pas une cotisation initiale substantielle, un gros investissement ou l'achat d'un inventaire. Quixtar n'accorde de bonus que si des produits sont achetés et vendus ou utilisés, et elle n'en accorde pas pour la simple inscription de nouveaux propriétaires de commerce. Les PCI ne sont ni contraints d'acheter et de maintenir un inventaire coûteux, ni de s'en tenir à une commande minimale.

L'affiliation avec des compagnies bien connues comme Microsoft, IBM, Office Max, Panasonic, GE, Ralph Lauren, Sony, Proctor-Silex et Kellogg's devrait donner pleine confiance à tout prospect.

DES RÉPONSES SIMPLES
À 38 QUESTIONS DIFFICILES

CHAPITRE 5

Quand – Quand puis-je commencer ?

■ *QUESTION N° 13 :* Je suis trop occupé. Mon emploi du temps est déjà assez chargé.

UNE QUESTION EN RETOUR D'UNE QUESTION : Si le jeu en valait la chandelle financièrement, pourriez-vous trouver du temps ?

LA RÉPONSE SIMPLE : Je vous comprends car j'ai vécu la même situation. Cependant, j'ai découvert que bien que personne n'ait vraiment le temps d'exploiter ce commerce, nombreux sont les PCI qui s'imposent des priorités parce que ce commerce en vaut le coût.

DES ARGUMENTS SUPPLÉMENTAIRES : Une autre question associée à notre sujet : « Combien de temps ce commerce exige-t-il ? » Il s'agit d'une question un peu plus positive, qui requiert une seule et une réponse.

Vous pouvez y consacrer quelques heures par jour ou par semaine. En fait, tout dépend de vos objectifs.

Investir du temps et semer des graines sont deux activités semblables. Plus vous semez de graines, plus les récoltes risquent d'être abondantes. Combien de temps êtes-vous prêt à consacrer à votre avenir ? Il n'en tient qu'à vous.

Disposerez-vous de plus de temps dans cinq ans ? Nous aimerions vous voir dire adieu à votre travail. De notre point de vue, il s'agit pour vous d'une carrière, d'un choix de profession, qui vous permettra de finir par être libre à temps plein. Réserver votre temps à travailler des heures supplémentaires n'est d'aucune valeur.

Un des aspects les plus merveilleux d'un concept d'équipe comme le nôtre, c'est sa capacité de rentabiliser aussi le temps des autres. Un prospect peut voir les membres les plus actifs de son équipe de soutien faire des appels, présenter le plan et ainsi de suite. À un certain prospect qui dispose vraiment de peu de temps, j'aime dire : « En combinant vos contacts, mon temps et mon expérience, je crois que nous pouvons faire de l'argent.»

Les gens trouvent toujours le temps de faire les choses qu'ils désirent faire. Ce que reflète vraiment une telle remarque, c'est : « Vous ne m'avez pas convaincu que cela mérite que j'y passe du temps ou que les récompenses sont assez importantes pour l'emporter sur quelque autre priorité.» Alimentez le rêve de ces gens et assurez-vous qu'ils sont bien récompensés pour leur peine.

■ *QUESTION N° 14 :* Le marché n'est-il pas déjà saturé ?

UNE QUESTION EN RETOUR D'UNE QUESTION : La saturation, c'est notre but. Quel pourcentage du marché désirez-vous vous approprier ?

LA RÉPONSE SIMPLE : Seul un maigre pourcentage de la population exploite notre commerce. Ce pourcentage est inférieur au taux de natalité, alors comment penser qu'il nous soit possible de saturer le marché ?

DES ARGUMENTS SUPPLÉMENTAIRES : Nous ne craignons pas la saturation, nous la visons. En fait, nous désirons atteindre le plus grand nombre de Nord-Américains possible. Actuellement, on ne compte qu'environ 700 000 PCI, soit approximativement 0,25 p. 100 de la population des États-Unis (100 000 au Canada ou 0,33 p. 100). Nous sommes bien loin de la saturation ! Notre objectif est de 10 à 20 p. 100 de toute la population nord-américaine.

Le prospect qui craint la saturation s'inquiète de sa capacité de trouver des personnes intéressées. Voici quelques statistiques. Environ 100 personnes parvenant à accumuler

100 PV dans chacun des trois piliers (ou 300 personnes) vous assureraient un revenu annuel net de 75 000 $US. Pour vous mériter un bon revenu, il suffit de quelques personnes et d'un commerce bien structuré.

Chaque jour, le nombre de personnes qui atteignent l'âge de 18 ans et qui sont éligibles à la construction de leur propre avenir grâce à ce commerce, est de loin supérieur à celui des PCI qui se joignent à notre industrie. Nous sommes bien loin d'un marché saturé. En fait, ce taux de croissance révèle que nous n'atteindrons jamais la saturation.

DES RÉPONSES SIMPLES
À 38 QUESTIONS DIFFICILES

CHAPITRE 6

Où – Où puis-je exploiter ce commerce ?

■ *QUESTION N° 15 :* Dois-je participer à toutes les réunions ?

UNE QUESTION EN RETOUR D'UNE QUESTION : Que pensez-vous des réunions ?

LA RÉPONSE SIMPLE : Non. Vous êtes entièrement libre ; il s'agit de votre commerce. Cependant, le succès de toute entreprise requiert une formation, du travail d'équipe et des associations. Les réunions sont semblables à un bureau où l'on vous communique les informations les plus récentes et où vous pouvez établir des liens avec votre équipe de soutien. Par la suite, vous pouvez y inviter de nouvelles personnes afin qu'elles puissent jouir des mêmes avantages que vous.

DES ARGUMENTS SUPPLÉMENTAIRES : Au départ, le prospect se soucie de l'exigence de temps et de l'obligation d'assister à une présentation par semaine. La personne n'a pas compris que les réunions sont à la fois un lieu de formation et un bureau.

Au début, le prospect tire beaucoup d'informations des outils audio et des livres, mais, avec le temps, la personne constate que les rencontres peuvent lui apporter un meilleur niveau de compréhension de l'exploitation fructueuse du commerce. D'ailleurs, ces réunions constituent la meilleure façon d'utiliser son temps. C'est l'occasion d'établir de nouveaux contacts, de cultiver des liens avec les membres de son équipe et de fixer des rendez-vous pour exploiter le commerce en profondeur. Le prospect peut y observer la façon dont son équipe de soutien se concentre sur les gens et effectue les suivis, et il peut y apprendre de nouvelles techniques de présentation du plan.

Je soutiens toujours la chose suivante : « Vous pouvez louer des locaux à bureaux et embaucher des conseillers en formation, pour votre équipe et pour vous, pour le prix d'un sandwich. »

Les réunions permettent aux autres de comprendre ce que vous avez saisi. Nous nous efforçons d'inviter de nouvelles personnes aux présentations tenues dans des hôtels afin qu'elles soient témoins de ce qu'est le succès et qu'elles saisissent l'enthousiasme que soulève un groupe important de gens animés d'un but commun. Si un tel enthousiasme ne s'achète pas, il n'en génère pas moins beaucoup d'argent pour votre commerce.

Et n'oublions pas la puissance de l'association. Les réunions créent un environnement propice aux associations entre gens du même avis, des gens optimistes, réfléchis, enthousiastes et pleins d'espoir. Les émotions, c'est contagieux ! Certaines études révèlent qu'il suffit de trente secondes à une personne affichant une mauvaise attitude pour contaminer les autres. Nous désirons, quant à nous, nous associer aux personnes qui manifestent une merveilleuse attitude.

La remarque peut revêtir un caractère un peu différent : « Je sais me motiver. Je n'ai pas besoin d'assister aux réunions. » On peut offrir la même réponse que celle qui a été donnée à la question 15 : « Je sais que vous êtes une personne capable d'initiatives. C'est pour cette raison que je vous ai approché. Les réunions représentent à la fois votre bureau et une salle de formation pour vos nouvelles recrues, et elles vous permettent d'utiliser votre temps efficacement. »

La motivation provient de l'intérieur. Le succès fait défaut à la plupart des gens parce qu'ils fonctionnent dans un environnement qui n'encourage pas la poursuite de leurs rêves, l'attitude positive et l'espoir. On doit créer un riche environnement qui permet aux gens de se nourrir des qualités intérieures dont ils ont besoin pour réussir. Les réunions et les séminaires servent de stimuli à ceux et celles dont l'environnement est négatif et démotivant.

En définitive, le prospect en viendra à comprendre que les réunions sont destinées tant aux nouvelles personnes qu'aux PCI qui développent leur commerce en compagnie de nouveaux venus.

■ *QUESTION Nº 16 :* J'habite au centre-ville. Ce genre de commerce ne fonctionne-t-il pas mieux en milieu rural ?

UNE QUESTION EN RETOUR D'UNE QUESTION : Croyez-vous que ce commerce ne peut réussir en milieu urbain ?

LA RÉPONSE SIMPLE : Qu'il soit question de la ville de New-York ou d'une communauté rurale de l'Idaho, le succès est au rendez-vous. La croissance et l'enthousiasme dépendent beaucoup plus du leadership que du climat ou de la démographie. Je vous ai abordé parce que je crois que vous possédez l'étoffe d'un leader capable de développer un commerce prospère dans _____ (la région où demeure la personne).

DES ARGUMENTS SUPPLÉMENTAIRES : Peu importe où vous habitez, vous pouvez y développer ce commerce. Le succès sera au rendez-vous, que ce soit à Trinidad, à Porto Rico, à Hawaï, en Californie, à New-York ou ailleurs.

Réfléchissez à l'analogie suivante. Deux personnes achètent un vélo d'exercice ; l'une perd du poids et l'autre non. Un des vélos serait-il défectueux ? Bien sûr que non. Une personne a utilisé son vélo et l'autre non. Il en est de même de ce commerce. Vous pouvez le développer, le faire connaître et le reproduire en tout lieu et dans tout environnement, tant que vous en parlez à d'autres personnes.

On pourrait aussi vous poser une question comme : « Je déménage dans un mois à l'autre bout du pays. Puis-je y développer le commerce ? » Rappelez-vous que c'est possible partout en Amérique du Nord.

DES RÉPONSES SIMPLES
À 38 QUESTIONS DIFFICILES

CHAPITRE 7

Pourquoi - Pourquoi le ferais-je ?

■ **QUESTION N° 17 :** Je n'aime vraiment pas tout ce matraquage publicitaire.

UNE QUESTION EN RETOUR D'UNE QUESTION : Je vous comprends. Que pensez-vous cependant des environnements éducationnels et motivants ?

LA RÉPONSE SIMPLE : C'est là la beauté de ce commerce : il convient à toutes les personnalités. Au lieu de le faire connaître dans un environnement ennuyeux, nous faisons de l'apprentissage une chose amusante. J'espère que vous ne voyez pas l'enthousiasme comme du matraquage déguisé.

DES ARGUMENTS SUPPLÉMENTAIRES : Tout le monde aime être à l'aise avec sa décision de devenir un propriétaire de commerce. Nous devons donc créer un environnement captivant qui nourrit l'enthousiasme des gens face à leur commerce. Certaines personnes confondent matraquage et manque de sincérité. Il faut comprendre que les gens ne s'expriment pas tous de la même façon.

Il est difficile de freiner l'enthousiasme de personnes qui réussissent à changer de façon significative leur vie, leurs finances, leurs espoirs et leurs rêves. Il importe donc de ne pas s'offenser devant les manifestations d'enthousiasme des autres face à leur commerce.

Parfois, le commentaire du prospect découle de son tempérament. L'extraverti est susceptible de raffoler de tant d'enthousiasme. La vie de cette personne pleine d'entrain est sans doute déjà marquée d'un certain matraquage. Par contre, les gens soucieux du détail, plus calmes et réservés, aborderont le commerce d'une façon plus analytique ; les sentiments comptent moins pour eux. Si vous comprenez la personnalité de votre interlocuteur, vous pourrez répondre de façon à satisfaire ses besoins. Ne laissez pas sa personnalité créer une barrière à une véritable opportunité.

Substituez le mot «enthousiasme» à «matraquage»; les environnements motivants sont censés être enthousiasmants. L'émotion, c'est contagieux, et les décisions sont prises sous l'influence des émotions et non sous l'effet de la logique. Dans un environnement motivant, les gens prennent des décisions et s'engagent à bâtir leur avenir pour leurs familles et pour eux. Même les prospects pour qui l'enthousiasme est inutile rencontreront des personnes qui croient en avoir besoin.

■ *QUESTION N° 18 :* Cela me semble matérialiste.

UNE QUESTION EN RETOUR D'UNE QUESTION : Si vos efforts vous méritaient une grande richesse, qu'en feriez-vous ?

LA RÉPONSE SIMPLE : Le succès que peut apporter ce commerce peut sembler matérialiste, mais il se traduit surtout en développement personnel et en qualité de vie. À partir du moment où vous avez développé un commerce, il vous appartient de faire ce que vous voulez de votre revenu.

DES ARGUMENTS SUPPLÉMENTAIRES : Il me semble que ce prospect ne sait plus rêver ni espérer connaître le succès. Nous devons lui faire valoir le droit de souhaiter faire quelque chose de plus pour son avenir. La plupart des gens qui se butent au matérialisme n'ont pas la liberté de dépenser leur argent où bon leur semble.

Tout ce que nous aimerions faire, même les choses les plus matérialistes, exige de l'argent, et beaucoup d'argent permet d'aider beaucoup de gens. On peut par exemple soutenir un musée, une galerie d'art, la mission de quelqu'un d'autre ou la sienne. L'argent permet de voyager à travers le monde, de financer une bourse d'études ou de soutenir la recherche médicale, puisque tout est possible lorsqu'on dispose de ressources suffisantes. Lorsque vous n'êtes en manque de rien, l'argent n'est plus un problème mais plutôt un outil philanthropique.

Souvenez-vous des principaux facteurs de motivation. Demandez au prospect ce qui l'inciterait à exploiter un tel commerce, quel serait son principal facteur de motivation. Si ce n'est ni l'argent ni les choses matérielles, qu'est-ce qui l'inciterait à aller de l'avant? Le développement personnel et professionnel? Pouvoir laisser un héritage? Aider les autres? Malheureusement, pour certaines personnes, le succès se mesure par des choses matérielles. Si nous ne déployons notre la richesse que par des choses matérielles, ces gens ne croiront pas en l'efficacité du commerce.

■ *QUESTION N° 19 :* Quelles sont mes chances de réussir dans ce commerce?

UNE QUESTION EN RETOUR D'UNE QUESTION : Quelles sont vos chances de réussir sans lui?

LA RÉPONSE SIMPLE : Les probabilités de réussite sont les mêmes pour toutes les personnes qui démarrent ce type de commerce indépendant. La structure de ce dernier offre à tout le monde le même terrain d'action. Vos chances de succès sont directement liées à votre persévérance et à votre volonté d'apprendre.

DES ARGUMENTS SUPPLÉMENTAIRES : La question de ce prospect reflète en réalité le besoin de savoir qu'il peut réussir ; la personne cherche des encouragements. Que lui importe la loi de la moyenne, elle cherche la confiance. Si vous adoptez la formule « Je pense » : « Je pense que vous pouvez fort bien réussir. Je pense qu'ensemble nous pouvons exploiter un formidable commerce.», vous pouvez aider votre prospect à s'engager sans réserve. Laissez votre soutien le convaincre que ses chances sont excellentes.

Prêter trop d'attention aux probabilités et aux moyennes, c'est dangereux. D'ailleurs, 95 p. 100 de la population se trouve dans la moyenne, alors que les autres 5 p . 100 sont constitués de gens prospères. Bien que ce commerce exige un investissement initial de plusieurs centaines de dollars, cette mise peut permettre d'empocher plusieurs millions en l'espace de deux à cinq ans. Votre prospect peut compter sur le soutien d'une équipe qui sait développer un commerce florissant, en plus d'être engagée à l'aider.

Les probabilités ? Elles jouent rarement en faveur des gens les plus prospères. Des exemples ? Ils sont nombreux dans le monde des affaires et de l'athlétisme, notamment les Olympiques. Ce qui compte, c'est la détermination, la vision et la conviction. La vie, c'est surmonter les probabilités. Croyez en votre prospect et il croira en lui-même.

■ *QUESTION Nº 20 :* Mes amis et ma famille n'approuveront probablement pas.

UNE QUESTION EN RETOUR D'UNE QUESTION :
Avez-vous déjà présenté ce type d'occasion à votre famille ? Comment a-t-elle réagi ?

LA RÉPONSE SIMPLE : Je serais heureux de leur présenter ce concept d'une manière très professionnelle. Peut-être que si je le leur présentais comme je l'ai fait pour vous, ils verraient les choses différemment.

DES ARGUMENTS SUPPLÉMENTAIRES : Il se peut que les tentatives antérieures de ce prospect pour améliorer son style aient connu peu de succès. Les membres de la famille, dont les conjoints, ne sont souvent pas tendres à l'endroit de la personne qui a essayé et échoué ; leur opinion est si importante. Nous nous voyons souvent à travers le regard des autres.

Si ses amis et sa famille n'approuvent pas ce commerce, le prospect ignore peut-être qu'il y a d'autres choses qu'ils désapprouvent. Nous sommes tous libres de décider et d'agir. Nous cherchons beaucoup plus la compréhension que l'approbation.

Demandons-nous à nos voisins si nous devrions nous marier ou pas ? À nos parents si nous devrions avoir des enfants ? Bien sûr que non. Vos amis et votre famille ne paient pas vos factures. Leurs opinions n'a nullement influencé votre choix de carrière, d'employeur ou de passe-temps. Vous êtes seul responsable de vos décisions.

Parfois, le manque d'approbation résulte d'une mauvaise compréhension du concept d'affaires. Si les amis et la famille du prospect assistaient à la présentation, ils le comprendraient peut-être mieux et appuieraient davantage le prospect et son commerce.

Assurez-vous que votre prospect a fait preuve de diligence raisonnable et qu'il comprend ce qui l'attend. Il s'agit d'un merveilleux concept. Notre commerce s'inscrit dans une tendance qui touche l'avenir immédiat. C'est aujourd'hui que ça commence ! C'est ce que nous croyons, et nous devons rassurer ce prospect qu'il peut aussi y croire.

■ *QUESTION N° 21 :* Je ne suis pas intéressé.

UNE QUESTION EN RETOUR D'UNE QUESTION : Merci pour votre honnêteté. Quels aspects de ce concept ne vous intéressent pas ?

LA RÉPONSE SIMPLE : Merci pour votre honnêteté. Permettez-moi de vous poser deux petites questions.

1. En apprendre davantage sur l'occasion que vous refusez ne vaudrait-elle pas 20 minutes de votre temps ? L'opportunité pourrait indéniablement vous être profitable.

2. J'aimerais former une équipe d'ici la fin du mois. Connaissez-vous quelqu'un qui serait intéressé à étudier un commerce à domicile, à y travailler à temps partiel et à gagner _____ ?

DES ARGUMENTS SUPPLÉMENTAIRES : La réponse dépendra du moment où l'argument a été soulevé : avant ou après la présentation du plan. Après ? Pas de problème. Présentez le plan à d'autres personnes et laissez la loi de la moyenne travailler en votre faveur. Toutefois, n'oubliez jamais de demander au prospect des noms de contacts et de l'inviter à s'inscrire comme client ou comme membre. Si, par contre, l'objection précède la présentation du plan, c'est que le prospect n'est pas disposé à étudier un nouveau concept pour une raison ou pour une autre : trop occupé ou effrayé à l'idée d'échouer par exemple. En refusant ainsi d'écouter, il ne court aucun risque.

Nous ne pouvons répondre qu'à l'aide de questions qui touchent les quatre principaux facteurs de motivation : le temps, l'argent, la sécurité et les choix. Qu'est-ce qui ne vous intéresse pas ? Gagner davantage d'argent pour combler tous vos besoins ? La livraison à domicile des produits et services ?

L'aide de votre équipe de soutien? Le développement personnel et professionnel? Un horaire flexible?

Essayez d'avoir des réponses précises et vous aurez l'occasion de répondre de façon appropriée. N'oubliez pas d'utiliser les principaux facteurs de motivation et de vanter les bénéfices d'un commerce idéal. Invariablement, le prospect soulèvera l'une des questions abordées dans ce livre, et vous pourrez alors y répondre adéquatement.

Impossible d'être intéressé par quelque chose que l'on ne connaît pas. Par contre, on ne peut être intéressé que par ce que l'on connaît. Le but des outils publicitaires est de susciter l'intérêt; le vôtre est de déterminer à quelle catégorie appartient le prospect, de lui répondre correctement et de passer à autre chose.

■ *QUESTION N° 22 :* Combien gagnez-vous?

UNE QUESTION EN RETOUR D'UNE QUESTION : Combien d'argent aimeriez-vous gagner?

LA RÉPONSE SIMPLE : Mon revenu correspond à ma performance. J'ai pour objectif de faire _____ dollars, mais je peux vous présenter des membres de mon équipe qui gagnent des centaines de milliers.

DES ARGUMENTS SUPPLÉMENTAIRES : En répondant à cette question, nous sommes souvent portés à idéaliser les choses. Contentez-vous de la vérité. Il n'y a rien de mal à dire que vous vous êtes mérité l'épingle de 1000 PV et que vous faites 200 $ par mois. Vous en êtes peut-être à vos débuts.

Voici des réponses génériques que tous peuvent utiliser pour bien se positionner :

1. « Je suis content des résultats, étant donné l'effort déployé. »
2. « Suffisamment pour soutenir mon intérêt. »
3. « Je suis toujours en formation et j'ai conçu un plan pour égaler mon revenu actuel. »

Ne vous y méprenez pas, je ne veux pas vous faire mentir, exagérer ou manipuler les autres. Si les gens vous demandent combien d'argent vous faites, vous pouvez leur répondre : « Eh bien, par rapport à mes efforts, je respecte mes objectifs. Le mois dernier, j'ai touché 63 $, mais la bonne nouvelle, c'est que je vise un objectif plus grand : 6 000 $ par mois, et que je sais exactement ce que je dois faire pour l'atteindre. Mon revenu dépend directement de la largeur et de la profondeur de mon organisation ; c'est ainsi dans ce commerce. Je serais heureux de vous en expliquer le fonctionnement. »

Si les gens vous demandent combien de personnes vous avez recrutées, dites-le-leur. Si vous exploitez le commerce depuis quelques années mais que ce n'est que récemment que vous avez décidé d'y mettre l'effort, il serait peut-être approprié de dire : « En fait, ce n'est que récemment que je me suis lancé et j'ai déjà recruté deux personnes. » Si vous mentez, les gens le discerneront. Le prospect appréciera votre honnêteté, ce qui l'incitera davantage à croire tout ce que vous direz par la suite.

■ *QUESTION Nº 23 :* Décider de joindre affectera-t-il le montant que me paie l'assistance emploi ?

UNE QUESTION EN RETOUR D'UNE QUESTION : Ce montant suffit-il pour soutenir le style de vie que vous désirez ?

LA RÉPONSE FACILE : Je suis convaincu que vous n'avez pas choisi cette situation. J'aimerais vous aider à vous assurer un revenu qui éliminera le besoin de compter sur ce soutien.

DES ARGUMENTS SUPPLÉMENTAIRES : La sécurité est la motivation principale de ce prospect. Cette personne a besoin d'être assuré qu'aucune nouvelle activité d'affaires ne mettra en péril son revenu actuel. Selon la hiérarchie des besoins de Maslow, la sécurité se situe à l'échelon inférieur ; cette personne n'a qu'un seul souci : sa survie. Nous pensons parfois que l'assistance-emploi est le résultat d'un choix, et c'est possible, mais plus souvent qu'autrement, il s'agit d'un piège dont les gens sont incapables de se sortir.

Être bénéficiaire de quelque programme d'assistance sociale que ce soit peut être décourageant. Nous devons aider le prospect à comprendre que devenir un PCI est le seul moyen de se tirer d'une situation impossible. Comme ce prestataire essaie de quitter les rangs des sans-emploi, le gouvernement ne le pénalisera pas parce qu'il tente de profiter de son propre commerce. Les autorités ne feront qu'ajuster le montant payé en fonction de son revenu. Il y a lieu d'espérer que ce prospect fasse tellement d'argent qu'il arrive à se passer de l'aide gouvernementale. L'objectif est de lui redonner l'estime de soi et la confiance aptes à lui assurer le contrôle de sa vie et de son avenir.

Nous espérons développer chez ce prospect suffisamment de compétences pour qu'il se tire du groupe des sans-emploi. Il connaîtra suffisamment de succès pour se trouver une nouvelle carrière grâce à ses nouvelles compétences. Nous croyons que les gens qui s'inscrivent à notre programme de développement personnel et professionnel améliorent leur vie, peu importe leur point d'entrée.

■ *QUESTION N° 24 :* C'est du déjà vu.

UNE QUESTION EN RETOUR D'UNE QUESTION :
Qu'est-ce que vous avez déjà vu ?

LA RÉPONSE SIMPLE : Moi aussi j'ai déjà vu des programmes un peu similaires, mais jamais un programme axé sur le professionnalisme et la profitabilité, comme celui de notre équipe.

DES ARGUMENTS SUPPLÉMENTAIRES : Votre réponse dépendra aussi du moment où vous sera exprimée cette objection : avant ou après la présentation du plan. Avant ? Je dirais d'instinct : « Si ce n'est pas moi qui présentait le plan, vous ne l'avez pas bien vu. » Je ne m'exprime pas toujours ainsi parce que cela semble rude et prétentieux. Nous devons sonder davantage ce que pense vraiment le prospect. La personne a-t-elle rejeté le plan après l'avoir vu ? A-t-elle démontré de l'intérêt mais à un moment inopportun ? Combien de temps s'est écoulé depuis ? Les circonstances étaient-elles différentes ?

Si l'objection succède à la présentation du plan, dites : « Merveilleux ! Qu'est-ce qui vous a plu davantage ? » En vous arrêtant sur ce qui lui a plu, vous pouvez mettre l'accent sur l'équipe dynamique dont vous faites partie. Le prospect y verra la preuve des changements actuels et continus qui font du commerce une meilleure affaire.

Peut-être que la présentation à laquelle le prospect a assisté comportait des différences majeures ou qu'il s'agissait de la présentation d'un autre programme que le nôtre. Peu importe, la suite du contact devrait porter sur ce que le prospect a aimé le plus.

■ *QUESTION N° 25 :* Je ne puis me le permettre en ce moment.

UNE QUESTION EN RETOUR D'UNE QUESTION : Entre-temps, pourquoi ne commencerions-nous pas votre formation ? Cela vous donnera le temps d'épargner et de vous lancer. Qu'en pensez-vous ?

LA RÉPONSE SIMPLE : Vous n'avez pas besoin d'un numéro de PCI pour commencer à apprendre la pratique du commerce. Si vous croyez que c'est une chose qui vous plairait, pourquoi ne présenterions-nous pas ce programme à quelques-uns de vos amis ? Mettons le commerce à l'épreuve. Vous vous inscrirez plus tard.

DES ARGUMENTS SUPPLÉMENTAIRES : Cette personne doit se concentrer sur le «pourquoi» de ce commerce. Le vieux dicton «Vouloir c'est pouvoir» s'applique dans cette situation. Si le désir de participation du prospect est suffisamment intense, il trouvera bien un moyen. Nous alimentons aussi son rêve.

Je trouve intéressant de voir qu'il est toujours possible de trouver de l'argent pour faire les choses dont on a envie ou pour répondre aux urgences de la vie. Ce que cette personne dit vraiment, c'est qu'elle ne croit pas suffisamment en ses chances de succès avec ce commerce pour réaligner ses priorités financières.

Par conséquent, nous devons l'aider à se sentir prospère. Je lui dis : « Voici ce que nous allons faire. Pourquoi ne pas mettre le commerce à l'essai ? Si vous rencontrez des gens intéressés, nous déterminerons si le projet en vaut l'investissement. Mettez le commerce à l'épreuve.» Si trois de ses contacts se montrent intéressés, vous serez renversé de voir ce que la personne sera prête à faire de ses priorités. Qui n'a pas d'argent ? Personne. C'est le centre d'intérêt qui est en faute.

■ *QUESTION Nº 26 :* J'ai exploité un commerce semblable il y a très longtemps. En quoi celui-ci est-il différent ?

UNE QUESTION EN RETOUR D'UNE QUESTION : Qu'est-ce qui vous plaisait de ce concept ?

LA RÉPONSE SIMPLE : En tout ! Avec l'introduction du commerce électronique et du bureau virtuel, à peu près tout est différent. Le concept même a subi un lifting. Nous faisons partie d'une industrie de pointe qui s'apprête à balayer l'Amérique du Nord.

DES ARGUMENTS SUPPLÉMENTAIRES : Ce prospect répondra avec beaucoup d'enthousiasme à ce que vous vous apprêtez à lui montrer. Lancé en 1999, ce commerce fait partie d'une industrie toute nouvelle. La réponse facile à cette question ? « Tout ! Lancez-vous ! »

Il s'agit d'un modèle complètement différent de celui que connaît le prospect (marketing de réseau, Amway, Herbalife, etc.) et qui compte davantage de produits et de compagnies, en plus d'un système de formation professionnelle. La liste des innovations est impressionnante.

Notre modèle d'affaires nouvellement défini constitue l'élément clé qui nous démarque de ceux du passé. Il rationalise et simplifie l'exploitation d'un commerce à domicile. Le PCI peut se concentrer sur trois points : l'achat en ligne de produits de son propre commerce, livrables à une adresse qu'il aura précisée, la réalisation d'un profit grâce à son commerce de produits, et la recommandation du processus à d'autres personnes.

Qu'est-ce qui a changé ? Tout !

■ *QUESTION N° 27 :* J'étudie présentement une autre compagnie de marketing de réseau qui a très bien fonctionné pour certains de mes amis.

UNE QUESTION EN RETOUR D'UNE QUESTION : Je comprends. Que faut-il en définitive pour que la chose vous intéresse ?

LA RÉPONSE SIMPLE : Quel objectif espérez-vous atteindre en exploitant votre propre commerce ? Laissez-moi vous donner suffisamment d'informations sur ce concept pour vous aider à le comparer à l'autre. Vous serez alors en mesure de prendre une décision éclairée.

DES ARGUMENTS SUPPLÉMENTAIRES : Cette personne fait du lèche-vitrine. Elle satisfait à tous les critères du candidat idéal pour votre commerce. Toutefois, elle est très tentée par cette autre opportunité que lui ont présentée ses amis.

Notre commerce a pour contexte le marketing relationnel. Les gens sont fidèles à une variété de commerces et de services en raison des relations qu'ils ont établies avec leurs fournisseurs de services : le commis d'un grand magasin, la caissière bancaire toujours souriante ou le messager-livreur qui prend toujours des nouvelles de leur famille. La personne qui étudie l'opportunité de participer à une initiative commerciale prospère avec des amis devra avoir une bonne raison de choisir une autre direction.

Réfléchissez à votre propre situation. Vous avez la meilleure occasion d'affaires qui soit. L'abandonneriez-vous au profit d'une autre entreprise ?

Le mieux à faire, c'est d'encourager ce prospect à poursuivre sa recherche et à participer au prochain événement, où il pourra rencontrer d'autres gens. Plus il analysera l'information et évaluera l'équipe, plus sa confiance grandira, ce

qui, en retour, augmentera ses chances de succès. Ce prospect ne se joindra pas à nous à moins d'être convaincu qu'il
s'agit d'une meilleure opportunité que celle que lui propo-
sent ses amis.

DES RÉPONSES SIMPLES
À 38 QUESTIONS DIFFICILES

CHAPITRE 8

Comment – Comment faire ?

■ *QUESTION N° 28 :* Dois-je vendre quelque chose ?

UNE QUESTION EN RETOUR D'UNE QUESTION :
Aimez-vous la vente ?

LA RÉPONSE FACILE : Oui, cela va vous plaire. Non, cela va vous plaire.

DES ARGUMENTS SUPPLÉMENTAIRES : Nous sommes des consommateurs qui tirons profit de nos affaires. Nous achetons des produits de notre propre magasin, touchons les profits ainsi générés et communiquons aux autres notre enthousiasme face à cette merveilleuse idée. En définitive, nous vendons des idées et des produits.

La plupart des gens n'aiment pas la vente par crainte d'être rejetés. C'est là toute la beauté du présent livre. Si vous mettez correctement en pratique ses leçons, vous parviendrez à éliminer l'émotion que cache la question du rejet, et vous offrirez des réponses naturelles et pleines d'assurance.

Mais, puisque ce prospect n'en est pas à cette étape, il peut hésiter à adopter une notion avec laquelle il n'est pas à l'aise. Nous devons lui assurer que la vente n'est pas l'activité principale du commerce, du moins pas selon la définition qu'il en a probablement.

En fait, la plupart de nos activités quotidiennes sont associées à la vente. Lorsque nous recommandons un bon film ou un excellent restaurant à quelqu'un, nous lui « vendons » le film ou le restaurant. C'est ce genre de vente que nous faisons.

Si je parle avec enthousiasme de quelque chose dont je suis convaincu et qui m'a permis de connaître un certain succès, est-ce que c'est de la vente ?

■ *QUESTION N° 29 :* Je serais coupable d'un conflit d'intérêt à l'endroit de mon employeur.

UNE QUESTION EN RETOUR D'UNE QUESTION : En quoi y aurait-il conflit d'intérêt ?

LA RÉPONSE SIMPLE : Examinons les aspects du commerce qui pourraient constituer un conflit d'intérêt et essayons de régler le problème.

DES ARGUMENTS SUPPLÉMENTAIRES : De toute évidence, certaines des activités de notre commerce peuvent être la cause d'un conflit d'intérêt. Par exemple, pour une personne qui travaille pour un fabricant de vitamines, la promotion de produits d'un concurrent peut être source de conflit. Une des façons de régler une telle situation serait d'enregistrer son commerce sous le nom de son conjoint.

Dans certains domaines, les listes de clients sont jalousement protégées. Cela ne pose pas un problème pour nous puisque nous décourageons fortement toute activité commerciale en milieu de travail. Nous comprenons très bien qu'une liste de clients soit sacrée et qu'il faille la protéger.

Bien des représentants en assurances ont reçu la directive de refuser de convoiter un revenu additionnel sous prétexte d'un risque de conflit d'intérêt. Le milieu de travail de ces représentants, ce sont les résidences des gens. Ils y établissent des relations basées sur un sentiment de confiance. Un représentant pourrait dire à un prospect : « Eh bien, si cette police d'assurance ne vous intéresse pas, peut-être que cette autre chose... » Selon moi, ce serait là un manque flagrant d'intégrité. Si votre compagnie vous défend d'aborder qui que ce soit, respectez cette exigence.

Par contre, qu'un employeur contrôle totalement votre vie, c'est un peu fort. En réalité, votre employeur vous contraint ainsi à accepter, en retour du salaire fixe qu'il vous paie, l'imposition d'un contrôle total sur votre vie. C'est lui qui détermine les limites de vos gains et vous contraint à accepter ces conditions, et cela vous convient ? Que vous réserve l'avenir si quelqu'un d'autre que vous en impose les limites et le contrôle ?

■ *QUESTION Nº 30 :* Je refuse d'utiliser ma carte de crédit en ligne.

UNE QUESTION EN RETOUR D'UNE QUESTION : La question de sécurité semble vous préoccuper.

LA RÉPONSE SIMPLE : Le site Web de Quixtar dispose du processus de cryptage le plus efficace et le plus sûr qui soit, le même qu'utilisent les banques et autres institutions financières en ligne.

DES ARGUMENTS SUPPLÉMENTAIRES : Une personne qui se soucie de la sécurité connaît mal la technologie d'Internet. Il est facile de comprendre que quelqu'un puisse hésiter à se prévaloir d'un service qui ne lui est pas familier. Il faut l'assurer que son crédit et son argent ne seront pas mis à risque par une transaction financière effectuée en ligne.

Le processus de cryptage qu'utilise Quixtar offre la même sécurité que celle qu'offrent les banques et autres institutions semblables. Je me suis aussi posé des questions à ce sujet et j'ai découvert que la probabilité d'être victime de fraude en ligne est très faible. Les risques d'usage frauduleux de votre carte de crédit sont beaucoup plus grands dans une station-service que sur le Web.

Cependant, il existe d'autres possibilités. La personne qui hésite à effectuer des achats en ligne par carte de crédit peut le faire par téléphone. D'ailleurs, ce service est disponible pour les PCI qui ne sont pas encore branchés à l'Internet.

■ *QUESTION N° 31 :* Je n'ai pas de carte de crédit.

UNE QUESTION EN RETOUR D'UNE QUESTION : Que pensez-vous de l'idée de vous en procurer une ?

LA RÉPONSE SIMPLE : Quixtar offre différents modes de paiement. Nous déterminerons celui qui vous convient le mieux : chèque, carte-guichet ou retrait bancaire. Vous procurer une carte de crédit serait fort utile au développement de votre commerce et faciliterait vos transactions.

DES ARGUMENTS SUPPLÉMENTAIRES : Nous sommes confrontés à trois problèmes. Premièrement, l'utilisation d'une carte de crédit peut aller à l'encontre des principes du prospect. Dans un tel cas, j'essaierais de dissiper ses craintes quant à l'accumulation d'une dette découlant de l'utilisation d'une carte de crédit. Cette dernière est un outil qui permet de traiter les commandes plus efficacement ; elle ne doit pas contribuer à alourdir le crédit. D'ailleurs, je déconseille fortement tout report de paiement du solde de la carte de crédit ; cela élimine les frais d'intérêts. J'enseigne à mes PCI à le régler par chèque ou par paiement bancaire en ligne immédiatement après avoir effectué leurs achats chez Quixtar.

Deuxièmement, si le prospect n'a jamais rempli de demande de carte, il lui serait peut-être utile de le faire pour subvenir aux besoins de son commerce exclusivement. Je recommande la carte Visa de Quixtar, laquelle peut-être utilisée pour régler en ligne ou par téléphone les achats effectués chez cette dernière. En plus, chaque dollar porté à la carte

Visa de Quixtar permet l'accumulation de PV et de BV. Imaginez, des PV sur vos PV !

Troisièmement, le prospect peut se voir refuser toute carte de crédit en raison d'une cote de crédit inexistante ou instable. Dans un tel cas, la personne peut commander par le courrier régulier et régler par chèque, mettre en place un retrait bancaire autorisé par le PCI Platine ascendant, ou obtenir un compte-chèques assorti d'une carte de débit Visa.

Le simple fait de savoir que ces possibilités existent suffit normalement à éliminer tout obstacle que peut voir un prospect.

■ *QUESTION N° 32 :* Je ne suis pas habile le temps venu d'aborder les gens pour leur demander ou leur vendre quelque chose.

UNE QUESTION EN RETOUR D'UNE QUESTION : Je vous comprends. Est-ce ainsi que vous percevez ce commerce ?

LA RÉPONSE SIMPLE : Notre commerce consiste à acheter des produits de notre propre magasin, à retirer des profits de ces achats, et à partager cette merveilleuse idée avec d'autres personnes. Avant de la leur présenter, assurez-vous de bien comprendre le concept. Nos outils de publicité et de dépistage ont pour but de vous aider à déterminer qui est intéressé et qui ne l'est pas. Laissez-les effectuer le travail à votre place.

DES ARGUMENTS SUPPLÉMENTAIRES : Le prospect qui s'exprime ainsi craint le rejet. Pour vaincre la peur de ce que dira l'autre, il nous faudrait apprendre à surmonter l'émotion que nous associons à sa réponse.

Ce qu'il y a de plus amusant, c'est que nous ne sommes pas doués non plus quand vient le moment de demander quelque chose à quelqu'un. Voilà pourquoi notre Système est si efficace : il s'occupe de la perception que nous pourrions nourrir que nous vendons quelque chose. Nous n'avons plus qu'à partager avec les autres le meilleur concept d'affaires qui soit.

C'est le but de nos outils de promotion : outils audio et vidéo, disques compacts et dépliants. Nous ne tentons pas de vendre quoi que ce soit, nous ne faisons que demander à une personne brillante et ambitieuse d'étudier l'information qui lui est présentée. Il lui appartient de répondre « oui » ou « non ».

Assurez le prospect qu'en plus des outils, il pourra compter sur l'aide de son équipe de soutien pour présenter ce concept aux gens qu'il connaît et pour lui montrer comment le communiquer efficacement aux autres.

■ *QUESTION N° 33 :* Dois-je porter un veston et une cravate lors de chaque contact avec un prospect ?

UNE QUESTION EN RETOUR D'UNE QUESTION : Votre milieu de travail actuel l'exige-t-il ?

LA RÉPONSE SIMPLE : Vous pouvez porter ce que vous voulez. Vous êtes le patron de votre commerce. Toutefois, votre tenue vestimentaire devrait refléter votre engagement. Que votre image corresponde au degré de professionnalisme que vous désirez projeter.

DES ARGUMENTS SUPPLÉMENTAIRES : Ne vous laissez pas nécessairement influencer par les nombreuses compagnies qui ont abandonné le port du veston et de la cravate. S'habiller de manière professionnelle parlera haut et fort à vos amis de votre engagement. Certaines études démontrent que les réponses dépendent de la tenue vestimentaire.

Puisque les vêtements couvrent 90 p. 100 du corps, ils influencent la perception qu'ont les gens de votre honnêteté, de votre sérieux, de votre expertise, de même que de votre succès social et financier.

Voici ce que dit Alan Pease de la tenue vestimentaire : « Une tenue vestimentaire convenable est déterminée par la réponse à la question suivante : "Quelles sont les attentes de votre contact quant à votre tenue vestimentaire ?" Comment devrez-vous vous vêtir pour lui laisser l'impression que vous êtes vraisemblable, agréable, autoritaire, compétent, prospère et accessible ? Quel genre de complet, chemise, cravate, blouse, jupe, souliers, montre, maquillage et coiffure choisirez-vous ? Il s'agit des attentes de l'autre et non des vôtres. »

■ *QUESTION N° 34 :* Dois-je acheter les cassettes que vous me prêtez ?

UNE QUESTION EN RETOUR D'UNE QUESTION : Vous les aimez ?

LA RÉPONSE SIMPLE : Je suis prêt à vous les prêter pour vous aider à comprendre le commerce. Mais viendra le moment où vous voudrez pouvoir compter sur votre propre collection.

DES ARGUMENTS SUPPLÉMENTAIRES : Il ne s'agit pas forcément d'une objection. Le prospect cherche davantage d'informations susceptibles de l'aider à prendre une décision éclairée. La plupart des gens savent qu'au-delà de l'inscription à Quixtar, l'exploitation d'un commerce engendre d'autres coûts. Puisque votre prospect désire savoir ce qui l'attend, il est donc important d'être honnête avec cette personne. Lorsque je présente le plan, je mentionne, outre les frais d'inscription, un petit investissement qui couvre les outils de base nécessaires à la mise en place du commerce.

Vous avez déjà acheté les outils audio que vous avez prêtés à ce prospect. Ils font partie des outils du métier ; ce sont les cassettes audio, les livres et les dépliants qui expliquent le système à tous vos prospects. Il s'agit d'un système de formation dont les outils ont été conçus dans le but d'acquérir des connaissances et des compétences, et d'améliorer la performance. Les professeurs, les médecins, les mécaniciens et les représentants de nombreuses autres professions et métiers s'en remettent bien à la formation et à la motivation pour s'informer des tendances de leur industrie, pour canaliser leur concentration et pour maintenir leurs compétences à jour. Pourquoi n'en feriez-vous pas autant ?

En définitive, le prospect désirera posséder sa propre collection d'outils de formation. D'ici là, vous lui prêterez volontiers la vôtre pour l'aider à démarrer son commerce.

Cependant, si vous prêtez continuellement aux autres vos outils comme le libraire prête un livre, vous les empêcherez de penser comme des propriétaires de commerce. Un véritable PCI maîtrise son commerce et en assume les responsabilités. Il est donc nécessaire d'inciter fortement les gens à assumer la propriété de leur entreprise, notamment à prendre la décision d'acheter et d'utiliser les outils conçus pour les aider à construire leur commerce. Tant et aussi longtemps qu'ils n'achèteront pas leurs propres cassettes, ils ne se seront pas vraiment investis ; le commerce restera votre commerce.

Tout ce que vous leur enseignez sur les outils sera confirmé lors d'événements. En peu de temps, le nouveau PCI saisira l'importance d'un engagement envers le système de formation : la lecture, l'écoute et la participation aux séminaires.

■ *QUESTION N° 35 :* Dois-je acheter pour 100 points de produits chaque mois ?

UNE QUESTION EN RETOUR D'UNE QUESTION : Désirez-vous vous mériter un bonus chaque mois ?

LA RÉPONSE SIMPLE : Lorsque vous devenez un PCI, vous tirez profit de l'achat de produits que vous utilisez régulièrement. Aucun achat mensuel minimal ou maximal n'est requis. Cependant, lorsque collectivement, vos clients, vos membres et vous-même achetez pour 100 points de produits, vous activez le plan de rémunération et recevez un bonus.

DES ARGUMENTS SUPPLÉMENTAIRES : La personne qui pose cette question peut craindre d'être obligée d'acheter des produits dont elle n'a pas besoin. Assurez-la que la gamme de produits offerts comprend surtout des produits d'usage courant.

Aucun achat mensuel minimal n'est requis. Comme c'est son commerce, il lui appartient de l'exploiter comme bon lui semble, et d'acheter peu ou beaucoup de produits.

Quixtar et ses magasins partenaires offrent plus de 500 000 produits ayant le meilleur rapport qualité prix... et dont il faut se réapprovisionner. Nous savons qu'au moins 50 d'entre eux sont susceptibles d'être utilisés par le prospect. Voilà d'où proviennent les 100 points par mois. Ce dernier sera tenté de continuer à fréquenter d'autres commerces, même si la clientreprise est la clé de son succès.

Nous souhaitons donc changer ses habitudes et lui faire acheter des produits similaires, mais différemment et d'une autre source. Une fois devenue un PCI qui investit dans son avenir, cette personne désirera bien sûr acheter les produits qui influencent son propre succès financier.

Le fait le plus important, c'est que l'exploitation de ce commerce se fait sur une base volontaire ; à vous donc de choisir ce qu'il vous plaît d'acheter.

■ *QUESTION N° 36 :* J'ai toujours fait mes achats chez Costco. Comment ce commerce s'y compare-t-il ?

UNE QUESTION EN RETOUR D'UNE QUESTION : Costco offre-t-elle à ses clients une part de ses actions ?

LA RÉPONSE SIMPLE : Il est difficile de comparer des compagnies de deux industries différentes. Costco tire profit de ses clients ; nous le faisons de nos achats.

DES ARGUMENTS SUPPLÉMENTAIRES : En affaires, on vous reconnaît à vos compétiteurs : Coke et Pepsi, BMW et Mercedes, McDonald's et Wendy's. Beaucoup de commerces échouent parce qu'ils ne savent pas qui sont leurs compétiteurs, alors que d'autres réussissent très bien parce qu'ils le savent.

Qui sont vos compétiteurs ? Wal-Mart, Costco ou Target, dites-vous ? Erreur ! Ces « grosses boîtes », magasins à gros rabais, font concurrence uniquement sur la base du prix. Leur but est de vendre des TONNES de marchandise à une marge infime de profit, mais il n'en est pas ainsi de tous les commerces. Les petites épiceries de quartier en sont un bon exemple. Y avez-vous comparé le prix d'un contenant de deux litres de lait ? Comment peuvent-elles s'en tirer à ce prix ? Rien de plus simple : les clients achètent chez ces commerçants pour sauver du temps et non de l'argent. Ces commerces misent donc sur l'achat facile. Le résultat ? L'économie de temps est ajoutée au prix de chaque produit. Les petites épiceries de quartier affichent des prix excessivement élevés et font de très bonnes affaires, parce que leurs propriétaires ont compris qu'ils ne font pas concurrence aux grands magasins sur la base du prix.

Notre commerce consiste à former des entrepreneurs de commerce. Dès lors, nous ne sommes pas des compétiteurs de sites Web ou de quelque commerce au détail que ce soit. Pourquoi ? Parce que ces derniers sont incapables d'offrir aux clients ce que nous leur offrons. Le prix de nos produits inclut quelque chose d'unique : une opportunité d'affaires.

Target, Costco ou Wal-Mart en font-ils autant ? Aucun autre magasin au monde n'offre ce que nous offrons, à quelque prix que ce soit !

■ *QUESTION N° 37 :* Je ne pense pas parvenir à utiliser 100 points de produits chaque mois.

UNE QUESTION EN RETOUR D'UNE QUESTION : Cela vous aiderait-il si j'identifiais les produits les plus susceptibles de vous permettre d'atteindre 100 points ?

LA RÉPONSE SIMPLE : Comme notre gamme de produits vise principalement à réapprovisionner votre ménage en articles d'usage quotidien, je suis sûr qu'il vous suffira de les connaître un peu pour changer vos habitudes d'achat.

DES ARGUMENTS SUPPLÉMENTAIRES : Il s'agit ici d'un problème de familiarisation avec ces produits. Bien que le prospect comprenne le concept de notre commerce, il n'en a pas encore réellement saisi le potentiel. Avec plus de 500 000 produits, sa capacité d'accumuler 100 points par mois ne lui posera jamais de problèmes.

Au début, atteindre cette quantité de produits peut s'avérer difficile pour cette personne ; elle aura donc besoin d'aide pour identifier ceux qui lui conviennent. Encouragez-la à acheter la quantité de produits qui la met à l'aise, tout en continuant de l'informer de ceux de marque privée. Tout comme Costco® compte sa marque de commerce privée, « Kirkland », nous en offrons plusieurs : Ocean Essentials®, Magna Bloc®, Artistry®, Nutrilite® et Satinique®. Ce sont les plus rentables pour un PCI. Il ne s'agit pas d'options d'«emballage ordinaire» ou de «prix fort réduit», mais de produits d'excellente qualité et d'une valeur défiant toute compétition. D'ailleurs, les sondages le confirment : de nos jours, les gens préfèrent les produits plus naturels, simples, innovateurs et durables, et souhaitent voir leurs produits livrés à domicile.

Au bout du compte, à force de les connaître, le nouveau PCI utilisera non seulement au-delà de 100 points de produits, mais il enseignera à d'autres personnes à faire de même. On peut aussi répondre à cette question en rassurant le prospect qu'il peut compter sur un nombre illimité de clients et de membres qui contribueront tous au cumul de 100 points par mois. Bon nombre d'équipes d'affaires parviennent ainsi à reproduire des «PCI de 300 points» en incluant les transactions de leurs clients et de leurs membres.

■ *QUESTION N° 38 :* Ces produits me semblent chers.

UNE QUESTION EN RETOUR D'UNE QUESTION : Comparés à quoi ?

LA RÉPONSE SIMPLE : Vous trouverez une foule de produits à prix très compétitifs sur notre site Web. Quel magasin vend tous ses produits au prix le plus bas ? Aucun. Commençons par en identifier quelques-uns parmi les plus avantageux pour vous.

DES ARGUMENTS SUPPLÉMENTAIRES : Nous ne pouvons nous attendre à ce que le prospect connaisse nos produits. Par contre, nous pouvons l'aider à comparer des pommes avec des pommes. Nous pouvons aussi mettre l'accent sur les avantages de nos produits : qualité supérieure, prix compétitif, concentration et livraison à domicile. Respectueux de l'environnement, nos produits répondent aux inquiétudes de la conscience sociale.

Une visite au supermarché de votre quartier vous a peut-être permis d'économiser cinq dollars, mais vous avez été contraint d'utiliser votre voiture et de perdre du temps pour vous y rendre. Et que vaut votre temps ? Il est donc important de comparer des pommes avec des pommes. Impossible de comparer un commerce électronique avec catalogue à un Wal-Mart ; ce n'est pas équitable. Bien que ce dernier commerce vende le produit moins cher, vous ne pouvez remplacer deux choses : votre temps et le besoin de vous déplacer. Peu importe l'économie que vous croyez faire en achetant de ce magasin, jamais elle n'égalera la valeur de la livraison à domicile. De plus, vous vous évitez les « impondérables » : devoir traîner vos enfants, subir les bouchons de circulation et dépenser beaucoup plus que prévu sous le coup de l'impulsion.

Aucun magasin ne vend tous ses produits au prix le plus bas. Ceux qui se spécialisent dans un type de produit précis, comme les appareils électroniques, peuvent souvent les vendre à meilleur prix que Quixtar. Par contre, nous offrons une expérience d'achat pratique, sans oublier la livraison à domicile de produits de grande qualité, assortis d'une garantie... et le profit que vous en retirez. Rappelez-vous que la grandeur de l'opportunité prime sur le prix du produit.

CHAPITRE 9

Les 21 composantes clés d'une conversation

Tout se résume à ceci : vous êtes la personne la mieux placée pour savoir ce qu'il convient de dire. Après tout, il s'agit de votre prospect, de votre commerce et de votre avenir.

Je ne peux prévoir toutes les questions qui vous seront posées ni vous donner toutes les bonnes réponses. Toutefois, je peux vous suggérer 21 composantes clés d'une conversation susceptibles de vous guider sur le chemin du succès ; d'ailleurs j'y ai fait référence tout au long de ce livre. Apprenez à les utiliser et elles vous vaudront la réputation de communicateur puissant et logique.

Rappelez-vous que notre commerce ne vous protège pas contre les difficultés de la vie, mais qu'il vous fournit les armes dont vous avez besoin. Vos compétences dans le domaine de la conversation détermineront ce que sera la qualité de votre vie, tant familiale et sociale que professionnelles. J'espère que vous utiliserez le présent livre pour améliorer chaque domaine de votre vie car c'est là la victoire ultime.

1. LA MEILLEURE RÉPONSE EST UNE RÉPONSE SIMPLE.

Offrir une réponse simple, honnête et sincère, c'est manifester du respect pour la question posée comme pour la personne qui l'a posée.

2. SOYEZ VOUS-MÊME.

Répondez à l'aide de mots et de phrases avec lesquels vous vous sentez à l'aise et les autres remarqueront votre assurance.

3. FAITES DU PROCESSUS QUELQUE CHOSE D'AMUSANT.

Soyez détendu, souriant et riez parfois. Tout en vous gardant de perdre de vue vos rêves et vos objectifs, rappelez-vous que le succès est une aventure et non une destination. Appliquez-vous à obtenir des résultats, à vous amuser et à réussir gagner grâce à ce commerce. Joe Namath dit un jour : « La réussite élimine les maux. »

4. NE PRENEZ PAS LES QUESTIONS ET RÉPLIQUES POUR DES ATTAQUES PERSONNELLES MAIS PLUTÔT DE FAÇON PROFESSIONNELLE.

Rappelez-vous que les gens font les choses pour eux et non pour vous. Le prospect qui pose des questions ne met pas en cause votre honnêteté, votre sincérité ou votre engagement ; cette personne essaie simplement d'évaluer si ce commerce lui convient. Ainsi donc, une réaction émotionnelle à ses questions ne ferait que le déconcerter ou même le repousser.

5. MAÎTRISEZ VOTRE RÉACTION ÉMOTIONNELLE AUX QUESTIONS.

L'intelligence émotionnelle est la capacité de gérer et de maîtriser vos émotions. Soyez disposé à en apprendre davantage sur vous, vos réactions et vos réponses, afin de surmonter les émotions négatives qui vous incitent à combattre ou à fuir. Exercez-vous à répondre aux questions, et retenez et assimilez-en les réponses qui vous mettent davantage à l'aise. Apprenez à maîtrisez votre réaction émotionnelle.

6. FAITES TOUJOURS PREUVE DE PROFESSIONNALISME.

Vous êtes un représentant de l'organisation. Peu importe la tentation, ne vous laissez pas prendre au jeu d'une personne négative qui vous inciterait à vous défendre. De façon polie et professionnelle, tirez-vous d'une telle situation. Gardez les yeux fixés sur votre avenir et servez d'exemple à vos prospects et aux membres de votre équipe.

7. NE FAITES JAMAIS UNE CROIX DÉFINITIVE SUR UN PROSPECT.

Le prospect peut ne pas être en mode de recherche actuellement, mais s'inscrire par la suite, comme j'en ai vu d'autres le faire sous le parrainage d'autres membres de notre équipe ; les circonstances changent. Le prospect se souvient de son dernier contact avec ce commerce, ce qui lui permet de concrétiser son opinion. Laissez-le avec la pensée que le commerce constitue une excellente opportunité et que les personnes qui la lui ont présentée sont des professionnels intègres.

8. UN PROSPECT N'EST JAMAIS NI LE SEUL NI LE DERNIER.

Nous ne cherchons pas à rejoindre «tout le monde», seulement les personnes désireuses de tracer leur propre chemin du succès. Vous pouvez dire et faire toutes les bonnes choses et poser tous les bons gestes sans parvenir à obtenir un «Oui!», et l'obtenir en faisant tout le contraire. La loi de la moyenne vous servira à merveille. Ne cessez pas de parler aux gens.

9. UTILISEZ CES COMPÉTENCES EN COMMUNICATION DANS TOUS LES DOMAINES DE VOTRE VIE.

Rappelez-vous que le succès entraîne le succès. Chérissez les compétences que vous développez dans ce commerce et appliquez-les aux autres domaines de votre vie : au travail, à la maison et avec vos amis et vos associés. Votre succès dans tous ces domaines sera le reflet de votre développement personnel et professionnel.

10. RIEN NE PEUT REMPLACER LA PRATIQUE ET L'EXPÉRIENCE.

Plus vous multiplierez les occasions de répondre aux questions de nouveaux prospects, plus votre expertise en conversations pleines d'assurance augmentera. Vous pouvez utiliser le présent livre comme un outil de référence, mais en définitive, l'expérience constitue le meilleur des professeurs. En plus des expériences de vie, réunissez-vous avec d'autres PCI et amusez-vous au jeu de rôle en utilisant les questions et les réponses. Une de mes citations préférées à cet égard est la suivante : « Dites-le-moi et j'oublierai aussitôt. Montrez-le-moi et je m'en rappellerai peut-être. Mais laissez-moi l'essayer et je comprendrai. »

11. RÉPONDEZ À UNE QUESTION PAR UNE AUTRE QUESTION.

Nous sommes programmés pour répondre aux questions et non pour les poser. Cependant, ce n'est qu'en posant des questions et en écoutant que nous parvenons à apprendre. Programmez votre esprit à demander : « Pourquoi faites-vous cela ? », « Y a-t-il autre chose ? » et « Quelle a été votre expérience ? ».

12. SI VOUS NE FAITES RIEN, VOUS NE VOUS MÉRITEREZ RIEN.

Dans ce commerce, tout se gagne. Les gens confondent parfois les mots « activité » et « production ». N'oubliez jamais l'énoncé puissant suivant : « Rien ne se produira si vous ne planifiez ni ne fixez aucune date de réunion ! » Point à la ligne.

13. PERSONNE N'EXIGERA QUE VOUS FASSIEZ QUOI QUE CE SOIT.

Ni Quixtar ni votre équipe de soutien ni moi. Si votre désir de gagner était aussi fort que celui d'un avocat, qu'est-ce que cela exigerait ? Des études en droit. Les efforts que vous y mettez sont directement proportionnés aux revenus que vous espérez en retirer.

14. JE SAIS COMMENT VOUS VOUS SENTEZ CAR J'AI VÉCU PAREILLE EXPÉRIENCE, MAIS J'AI DÉCOUVERT...

Cette phrase est une des meilleures façons de répondre aux questions et objections des gens, tout en favorisant les relations.

15. VENDEZ LE RENDEZ-VOUS ET NON LE COMMERCE.

Un face à face avec votre prospect est de loin préférable à une présentation du plan au téléphone ou par courriel. En certaines occasions, néanmoins, procéder ainsi est inévitable. Rappelez-vous cependant que vous perdez ainsi presque tout avantage du langage non verbal.

16. TOUT LE MONDE A LE TEMPS D'EXPLOITER CE COMMERCE.

Les journées comptent 24 heures pour tout le monde. Les gens trouvent toujours du temps pour les choses importantes à leurs yeux. Vos compétences en communication et votre conviction sauront bien influencer leurs priorités. Je n'ai rencontré personne qui disait avoir le temps d'exploiter ce commerce. Toutefois, j'en ai rencontré qui ont réévalué leurs priorités parce que ce commerce en vaut la chandelle.

17. Les quatre P : La planification prévient les piètres performances.

Cette simple phrase est le leitmotiv des gens prospères.

18. Invitez les gens à s'inscrire.

Invitez les gens à devenir vos partenaires et demandez-leur de s'inscrire. « Je pense que vous pouvez très bien vous tirer d'affaires ; j'aimerais travailler avec vous. J'aimerais vous inscrire. »

19. Déterminez le principal facteur de motivation de votre prospect.

Davantage de temps et de sécurité, son développement personnel ou professionnel, un revenu additionnel, la liberté financière, posséder son propre commerce, aider les autres, rencontrer de nouvelles personnes, pouvoir laisser un héritage, le respect, la reconnaissance ou la retraite, ce sont là tous des facteurs de motivation valides.

20. Les gens étudieront ce dont vous faites la promotion.

Si vous faites la promotion du commerce électronique ou de la livraison à domicile, c'est à cela que votre prospect s'arrêtera. Il fera de même si vous insistez sur son rêve ou sur le système de formation. Faites la promotion de ce que vous désirez le voir évaluer.

21. RESPECTEZ UN HORAIRE ET RESTEZ SANS CESSE ACTIF!
LES GENS ACTIFS ACCOMPLISSENT
CE QU'ILS SE PROPOSENT DE FAIRE.

Les gens désirent ce qu'ils ne peuvent avoir. Si un prospect a l'impression d'être votre seul candidat, votre avantage vous glissera entre le doigts. Si, par contre, il a l'impression que vous pourriez rendre certaines personnes riches et qu'il pourrait faire en partie, il se montrera beaucoup plus réceptif.

LE MOT DE LA FIN.

Vous avez été conçu pour réussir et accomplir et vous avez été doté de grandes possibilités. Rappelez-vous que si ce commerce est assez bon pour vous, il l'est tout autant pour toute personne à qui vous le présenterez. Les gens seraient chanceux d'être associés à vous et à votre équipe. Soyez fier de ce que vous avez et faites preuve de confiance. Le succès est à votre portée!

Table des matières

Notes

Notes

Notes

Notes

Notes